最終決戦　トランプvs民主党

アメリカ大統領選撤退後も鍵を握るサンダース

高橋和夫

ワニブックス
|PLUS|新書

はじめに

アメリカは常に現在進行形の物語である。その変わるアメリカが本書のテーマである。2020年のアメリカ大統領選挙を通じて、変わるアメリカの断面を提示したい。それが本書の執筆の動機である。

執筆の段階では、2020年11月の投票日にクライマックスを迎える大統領選挙は、まだ前半でしかない。現職の共和党のドナルド・トランプに挑む民主党の候補者が、ジョー・バイデン前副大統領に決まった段階である。

本書では、現職のトランプの政策を語る。また、それに対比させながらバイデンの政策を紹介する。そしてバイデンが民主党の大統領候補者指名を確実にするまでの過程を振り返る。さらに、バイデンに敗れたバーニー・サンダース上院議員の政策を語る。これが本書の前半である。

後半では、サンダースのキャリアを振り返り、その後継者たちの姿を描く。なぜ、敗れた同上院議員に、多くのページを割くのか。それは、これまでの大統領選挙キャンペーンを通じて、アメリカという国に一番大きな影響を与えた候補者は、トランプでもなければバイデンでもなく、サンダースだからだ。なぜなら、サンダースの掲げた国民皆保険という提案が、民主党の候補者を選ぶ過程での議論を支配したからである。

4年前の2016年の大統領選挙でサンダースが提起するまでは、余りに極端で過激だとされていた議論が、違和感なくアメリカで受け入れられるようになった。その証拠に民主党のすべての候補者が、いかに国民に医療を提供するかという手段について語った。サンダース自身は選挙で敗れたものの、その主張は勝利を収めた。

第二に11月の本選挙でバイデンが勝利を収めるためには、サンダース支持者の票が必要だからだ。すでに述べたように、サンダースは2016年にも民主党の指名を求めて立候補し、ヒラリー・クリントンに敗れた。そして本選挙では、ヒラリーがドナルド・

トランプに敗れた。ヒラリーの敗退の要因の一つは、サンダース支持者からの反発だった。その多くは投票に行かなかった。投票所まで足を運んで、トランプを支持した例も少なくなかった。その失敗を繰り返さないためには、バイデンはサンダース支持者を取り込む必要がある。サンダースの政策にすり寄る必要がある。サンダースの政策提案が本人の撤退にもかかわらず、依然として重要な理由だ。

第三に、サンダースの支持者こそ、民主党の、そして恐らくアメリカの未来だからだ。サンダースは予備選挙でバイデンに敗れたが、若年層だけの投票でみると、各州で勝ち続けた。そしてサンダースの周辺には、その変革への志を継ぐ人々が集っている。サンダースの選挙キャンペーンは終わっても、アメリカに公正な社会をもたらそうという変革のための運動は終わっていない。いや、まだ始まったばかりだ。

最後に、今年2月頃から広がり始めた新型コロナウイルスの感染の拡大が、サンダースが提起した格差の問題を赤裸々に浮き彫りにした。ウイルスに感染し、病み、死んでいく割合は、貧しいマイノリティの間で圧倒的に高い。肌の色が濃ければ、それだけで感染と死の確率が高いのである。

それは、貧しい人々の方が、そもそも病んでいながら十分な医療を受けていないからだ。既に疾患を有して痛めていた肉体に、ウイルスが襲い止めを刺すからだ。また、貧しい人々こそが、運転手として、清掃人として、スーパーの店員として、郵便配達人として、社会を現場で支えており、安全な自宅での勤務が許されていないからだ。多くの場合には通勤に公共交通機関を使わざるを得ないからだ。それだけ感染のリスクにさらされる。

アメリカの医療保険制度は、危機に際して極めて脆弱である。サンダースが糾弾して止まないアメリカ社会で拡大する格差を、新型コロナウイルスの問題が、えぐりだした。本書で多くのページを、サンダースという政治家の記述に割いている理由である。どのような背景から、サンダースのような政治家が出て来たのか。その政策ばかりでなく経歴にまで踏み込んで論じた。

本書の執筆の機会をくださったワニブックスの大井隆義さんのご厚情に、御礼を申し上げたい。なお執筆にあたっては、ノンフィクションライターの高橋真樹さんの惜しみない助力を得た。

本書は、2019年ワニブックスから出版させていただいた『イランVSトランプ』に続く、大井・高橋の両氏との共同作業の成果である。また高橋真樹さんの夫人である由美子さんは、英語とスペイン語の卓越した語学力で、背景調査を助けてくださった。記して謝意を表したい。

2020年5月　外出自粛の中で

高橋和夫

目次

第1章　ドナルド・トランプ——再選を狙う破壊王

トランプ再選のカギ

2020年11月のアメリカ大統領選に出馬する候補者の姿が、鮮明になった。共和党は、もちろん現職のドナルド・トランプ大統領である。

民主党は予備選挙が20年1月からスタートした。3月時点で残っていたのはジョー・バイデン前副大統領とバーニー・サンダース上院議員だったが、4月上旬にサンダース議員が離脱を表明した。民主党大会は8月に予定されており、ここで正式に民主党の大統領候補が指名される。しかしライバルのサンダースが離脱した段階で、バイデンの実質上の指名が決まった。

大統領候補は、トランプとバイデンの2人に絞られた。この2人は、どのような政策を主張しているのだろうか。筆者の専門とする中東政策に軸足を置きながら解説したい。そして、離脱を表明したサンダースの政策についても紹介したい。サンダースの政策を論じる理由は、後に詳しく述べる。

通常、大統領選は現職が圧倒的に有利とされる。お金をかけた選挙キャンペーンをしなくても、大統領は毎日の行動がすべてニュースになるからだ。第二次大戦後の大統領選で負けた現職は、1992年のブッシュ（父）ら3人だけで、現職の再選率は70％に及ぶ。その3人が敗れた要因には、経済の低迷や党内から再選を阻む批判が出たことなどであった。

では、トランプはどうか。再選は固いとの論調もあるが、世論調査の数字はそれほど盛り上がってはいない。2016年の当選時から現在まで、支持率はほぼ40％前後の横ばいだ。これまでの大統領が、オバマのような人気者では60％前後、そうでない場合でも50％程度の支持があったのと比べると、トランプの支持率は高いとは言えない。また、トランプを支持しないという人の割合が常に5割以上いるというのも、特異な傾向である。

それでも、トランプ陣営は再選に自信を持っている。支持率は大きく上がることはないが、どんな失言をしても35％を切ることもない。全体的には人気がないが、熱心に支持する固定ファンがついている。岩盤支持層と呼ばれるゆえんである。トランプは、初めから80％や90％の票をとろうとはしていない。

背景には、アメリカ大統領選の投票率の低さが挙げられる。平均的な投票率は、有権者の60％にも満たない。そうであれば、自分を支持する人が40％でもその人たちに投票してもらえれば十分勝てる。そして「トランプは嫌い」と言う人がたくさんいても、その多くが投票に行かなければ選挙には反映されない。

さらに、民主党を支持する傾向があるとされる貧困層は、投票率が低い。その理由には、有権者登録の手続きの複雑さも関係している。日本では各家庭に自動的に投票用紙が送られてくるが、アメリカでは事前に有権者登録が必要だ。しかも州によって手続きの仕方はバラバラである。貧困層は、身分証明書の不携帯や、登録に行く余裕がないといった理由から、面倒な手続きを避ける傾向にある。貧困層の投票率の低下が、共和党に有利に働いている。

トランプは、自分を熱く支持してくれる人たちが投票所に足を運び、投票総数の51％をとれれば十分と考えている。そのため、4年間にわたりその支持者に向けて内政や外交を行ってきた。トランプに投票しない人が反対しても、まったくお構いなしだった理由はそこにある。トランプがもう一度勝つための条件は、全体の投票率が低くなることだ。逆に投票率が高くなれば、民主党に有利に働く可能性が高い。

「激戦州」の行方

投票率に加え、もうひとつのポイントが激戦州（スイング・ステート）の行方だ。アメリカ大統領選では、全国レベルの支持率、不支持率はあまり関係がない。カリフォルニア州やニューヨーク州では、歴史的に民主党が勝つ。そういった州でトランプがどんなにがんばっても、勝てる見込みはない。逆にミシシッピー州やケンタッキー州では共和党が勝つ。そのように大半の州では、支持政党がはっきりしていて、どちらが勝つか決まっている。

ポイントは、双方が争う激戦州をどちらがとるかだ。激戦州は、フロリダ、バージニア、ノースキャロライナ、ミシガン、アイオワ、インディアナ、オハイオといった州である。中でも東部から中西部に広がる州は、かつて鉄鋼や自動車産業などの重厚長大型産業で栄えた地帯だった。しかしグローバル化が進んだ現在は、中国との競争に敗れて衰退した。工場は次々に閉鎖され、このエリアはラスト・ベルト（錆びついた工業地帯）と呼ばれるようになった。資産家は住まいや工場を他の場所に移せば済むが、労働者は取り残されて失業者になる。

たとえばミシガン州には、かつて自動車産業で栄えたデトロイトという街がある。筆者が数年前に訪れたとき、街全体が廃墟のように変わり果てていた。トランプが、米国企業に工場を国内に戻すよう働きかけてきたのは、この地域の支持者を増やすためだ。また、中国に農産物をたくさん買わせようとしているのも、農業が盛んなエリアでの支持を高めるのが動機である。

２０１６年の大統領選で、投票総数はトランプよりもヒラリー・クリントンの方が上回っていた。しかし、トランプはこうした激戦州を制して大統領になった。その意味では、アメリカの大統領選挙制度は民意を正確に反映しているとは言えない。これまでの大統領選では、全体の総得票数の多い方が勝っているが、２０１６年の選挙はそうではなかった。トランプはその再現をめざしている。

ブルーカラーを再びつかめるか

2016年の共和党予備選にトランプが出馬を発表したとき、多くのメディアはアウトサイダーの泡沫候補として扱った。世間では大金持ちの不動産屋、あるいはテレビ番組の司会者としては知られていたが、政界での実績はゼロだった。トランプではなくジョーカーだと揶揄《やゆ》された。しかし突如現れたトランプは、共和党の有力候補を次々と破り、最終的には民主党の候補も破った。なぜトランプがそれほど人気になったのか。背景には、これまでの二大政党による政治への不信感がある。

近年のアメリカの世論調査では、「政府を信用できるか?」という問いに対する肯定的な回答は、年々低下傾向にある。また、従来の政治家は腐敗しているという反発がある。2015年11月のNBCニュースとウォールストリート・ジャーナル紙の共同調査では、69%のアメリカ人が、自国の政治システムは「ウォール街やワシントンの住人のように、金と権力を持ったインサイダーのためだけに機能しているように見える」と回答した。庶民の怒りが充満する中で登場したのが、従来の政治家とは異なるトランプだった。

私たちからすると、トランプも金まみれに見える。選挙に出馬するまで、トランプは共和党にも民主党にも多額の献金をしていた。大統領選で対決することになるヒラリー・クリントンにも、かつてはかなりの金額を寄付していた。不動産事業を円滑に進めるために、どちらの党が勝ってもうまくいくようにしていたわけだ。

トランプは出馬の際、有権者にこう呼びかけた。「俺に任せてくれ。俺がアメリカの政治をクリーンにする」と。「お金をばらまいていたお前がクリーンにできるのか？」と問われると「俺は大富豪だから企業に金で買われることはない。そして俺は金で人がどう動くか知っている。政治を立て直せるのは俺だけだ」と主張した。そしてトランプは大統領になった。

トランプがしっかりとつかんでいる支持勢力は、全米ライフル協会の会員やキリスト教原理主義者と呼ばれる人々、さらにはＫＫＫ（クー・クラックス・クラン）などの人種差別主義者たちだ。その支持は固い。それに加えて、前回の選挙ではどちらの政党にも見捨てられたと感じていたラスト・ベルトなどのブルーカラー（労働者）が、アウトサイダーのトランプに希望を託した。トランプの勝利にはそれが大きく作用した。

しかし、今回の選挙でも、同じように支持を得られるかはわからない。トランプは「労働者の雇用を守る」と言い続けてきたが、彼の採った政策は二大政党の政策と何ら変わるものではない。大企業を優遇し、企業が儲かれば労働者への配分が多くなるという「トリクルダウン」の論理にのっとったものだ。

ところが人々の暮らしは改善せず、2018年の中間選挙では、共和党のラスト・ベルトでの苦戦が目立った。この4年間のトランプの政策が、ブルーカラーの人たちからどう評価されるかが、大統領選の大きなポイントのひとつとなる。

生き延びたシェール石油生産

トランプの政策は、どのような方針で行われてきたのか。トランプにとって重要な支持層の一つは、キリスト教福音派である。内政的には、宗教的保守派にとって重大な問題である妊娠中絶に反対する立場を鮮明にしてきた。そして最高裁の判事に保守派の人物を2名任命した。3回の結婚と数知れない不倫疑惑のあるトランプは、キリスト教徒の模範とは言えない。だが保守派にして見れば、神は罪深いトランプをもお許しになり、この大統領を使って、その御業《みわざ》を地上で実現しようとしていることになっている。母親から生まれた赤ん坊を殺せば殺人になるのに、その母親の体に宿る胎児の中絶が許されているのは、宗教的な保守派には理解しがたいし受け入れがたい。これは罪である。トランプは、中絶に反対の最高裁判事の任命によって、この層に高く評価されている。

移民政策については、2016年の大統領選でメキシコとの国境に壁を建設し、メキシコに費用を負担させると訴えた。実際に壁の完成には至らなかったものの、非合法移民の取り締まりを厳しくして、特にヒスパニック系の人々の反感を買っている。

経済政策では、大規模な減税で富裕層を優遇した。また環境問題では、地球温暖化を「フェイク・サイエンス（偽科学）」と呼び、それまでの環境保護規制の緩和と撤廃を進めた。これは、石炭、石油、天然ガスなど既存のエネルギー業界の人々に歓迎される政策である。国内ばかりでなく国際的にも、地球温暖化の緩和のために、オバマ政権が各国とともに署名したパリ協定からの離脱を表明した。

図1　月毎ごとの原油生産量の推移(1996年1月～2018年8月)

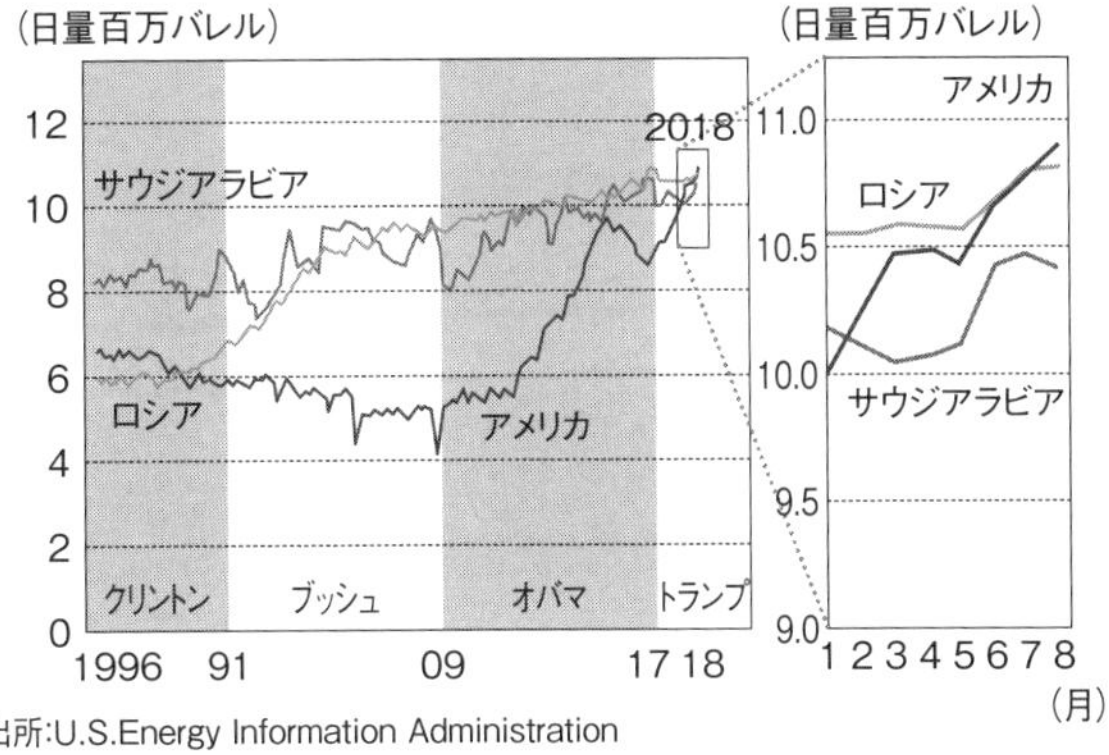

出所:U.S.Energy Information Administration

その結果、アメリカのシェール石油とガスの生産が上昇した。図1を見ていただきたい。アメリカはサウジアラビアやロシアを追い抜いて、世界最大の石油生産国となった。明記しておきたいのは、シェール・エネルギーのブームはオバマ期に始まったことだ。2009年にオバマが大統領に就任した年から、急速な伸びを示している。

これを可能にした要因の一つは、フラッキング(水圧破砕)という技術の実用化である。水と砂と薬品を混ぜて強い圧力でシェール層に吹き付けると、ガスや石油が分離して地上に昇ってくる。

どのくらいの量、何を混ぜるのか、圧力は

どのくらいが適当なのか。それは各社の企業秘密である。しかし、これまで経済的な利用のできなかったシェール層のガスや石油を開発できるようになった。

アメリカを含む世界の石油生産はピークを過ぎ、低下していくとされていた。いわゆるピークオイルの議論である。フラッキングの技術は、この議論を覆した。ただ、この技術は環境に悪いとの批判も強い。地下水脈を汚す、また地震を引き起こすとの懸念も表明されている。ニューヨーク州のようにフラッキングを許していない州もある。

図1をもう一度ご覧いただきたい。オバマ期の終わりに、石油生産が落ち込んでいる。これは、サウジアラビアが石油を増産して価格を引き下げ、アメリカのシェール・エネルギー生産を潰そうとしたからであった。シェール・エネルギーは新しいテクノロジーを使うなど、生産費が比較的高い。逆に、豊富な通常の油田を持つサウジアラビアの生産コストは低い。それゆえ、価格競争を仕掛けたわけだ。

この攻勢でアメリカのシェール石油生産は打撃を受けたが、生き残った。一つには技術は日々進歩しており、生産費の引き下げに成功したからであった。

もう一つの理由は、油価の低落による収入減にサウジアラビア経済の方が耐えられなくなったからだ。同国は増産を止め、油価が戻り、シェール石油は生き延びた。これ以降、アメリカとサウジアラビア、そしてロシアのエネルギー産業は、競合しつつ競争するという微妙な綱引きの時代に入った。この綱引きの綱が切れて2020年4月に石油価格が底を打った。そして、その底を抜けてマイナスになるという不思議な現象さえ引き起こした。この油価の暴落の原因の一つは、新型コロナウイルスの蔓延による石油需要の落ち込みであった。もう一つは、サウジアラビアの増産であった。

キリスト教福音派がつくったノアの箱舟

ここまで内政を見たが、トランプの外交政策はどうか。トランプは国際協調がアメリカを不当に縛っているという見解であり、基本的には国際機関や国際協調などに対して批判的である。先述したように、地球温暖化に関するパリ条約からの離脱を表明した。また新型コロナウイルス問題では、WHO(世界保健機構)が中国寄りで真実を隠蔽してきたとして、2020年4月にはアメリカの分担金の支払いの一時停止を発表した。

厳しいのは、国際条約や国際機関に対してばかりではない。同盟諸国に向かって圧力を掛けている。たとえば同盟諸国が安全保障の費用をアメリカに押し付けて、十分な負担をしていないという主張を展開している。それゆえＮＡＴＯ諸国に軍事予算の増加を、韓国にアメリカ軍の駐留経費の増額を要求している。また中国との関係でも、中国製品に高い関税を掛けて圧力を掛けた。荒っぽい手法が目立っている。

アメリカのケンタッキー州に福音派の人々によって「再建造」された「ノアの箱舟」（筆者撮影）

外交面で注目したいのが中東政策である。トランプが、キリスト教福音派へ配慮した政策を実行してきたからである。その政策を語る前に、簡単に福音派の説明をしよう。

トランプを支持するキリスト教福音派とは、どのような人々であろうか。福音派は聖書を絶対的な権威と見なしている。神による天地創造を信じており、進化論などは拒絶する。

ケンタッキー州に福音派が建造したノアの箱舟の博物館がある。クルーズ船ほどの大きさだ。日本円にして百億円以上を投じて建設された「船」の内部は、聖書の時代の生活を示す博物館になっている。年間に百万人以上の訪問者があるという。福音派の資金力と動員力を目に見える形で示す建造物である。福音派の神学の特徴の一つに、終末論がある。キリスト教には、やがて世の終わりが来てイエスが地上に戻られるという信仰がある。福音派は、聖地パレスチナがユダヤ化されることが、イエスの再臨の準備になるという神学を信じている。

この福音派に属する人々は、どのくらいの数がいるのだろうか。アメリカ人の4人に1人は福音派だとされている。アメリカの総人口が3億2000万程度とされているので、ざっと8000万になる。福音派の4分の3が白人なので、6000万である。この6000万のうち投票所まで足を運んだ人の8割が、2016年の大統領選でトランプに投票したとされる。現職の大統領にとっては重要な票田である。

図2　パレスチナとその周辺

出所：放送大学テレビ科目「パレスチナ問題（'16）」より

ネタニヤフとのお付き合い

この票田は、トランプの中東政策に何を求めているのか。それはイスラエルの支持である。具体的にはベンヤミン・ネタニヤフ首相への支持である。ネタニヤフは2度首相に就任している。最初は１９９６年から99年までの間、２回目が２００９年から現在である。この人物はイスラエルの歴史上、最も長く首相の座にある。

トランプは、アメリカの大統領として次々とネタニヤフの強硬な姿勢を支持する政策を打ち出してきた。まずエルサレムの首都承認である。イスラエルはエルサレムを首都と主

パレスチナ難民キャンプの土地の上に建てられた分離壁（撮影：高橋真樹）

エルサレム旧市街。左側にイスラム教の聖地「岩のドーム」が、右側にユダヤ教の聖地「嘆きの壁」が見える（撮影：高橋真樹）

張してきたが、アメリカを含む国際社会の方は、エルサレムの国際法上の地位は未確定という立場を採ってきた。それゆえ、アメリカを始め各国は大使館をエルサレムではなく、地中海岸のイスラエル最大の都市であるテルアビブに置いてきた。

ところが2017年12月にトランプは、大使館をエルサレムに移転すると発表した。大使館をエルサレムに置くという意味は、アメリカによるイスラエルの首都としてのエルサレムの承認である。

またトランプは、2019年3月にゴラン高原に対するイスラエルの主権を承認した。ゴラン高原は、1967年の戦争でイスラエルがシリアから奪った土地である。つまり国際法上の占領地である。その占領地に対するイスラエルの主権を、アメリカが認めたわけだ。第二次世界大戦後の国際法では、武力による領土の併合は認められない。従ってイスラエルの行動は違法であり、それを認めるアメリカの決断もゴラン高原の占領地という国際法上の地位を変更するものではない。しかし、あえてトランプはその承認に踏み切った。

さらに、この年の11月にアメリカのマイク・ポンペオ国務長官が、ヨルダン川西岸の

2015年頃のヨルダン川西岸のユダヤ人入植地（筆者撮影）

ユダヤ人の入植地が国際法に違反していないと発言した。占領は国際法に違反しており、その土地に入植するのは二重に違法である。それまではアメリカは、入植地は和平への障害という認識であった。その認識が180度変わった。アメリカが何を言おうが、国際法違反は違反である。だが、この違法な入植を続けてきたイスラエル政府にとっては、ありがたい発言である。

実は、このポンペオ国務大臣は福音派に属している。そして既に述べたように、福音派の信仰ではパレスチナのユダヤ化は、イエスの再臨を準備する崇高な行為である。長年イスラエルの首相として、ヨルダン川西岸地区へのユダヤ人の入植地の建設を進めて来たネタニヤフは、

図3　入植者人口の推移

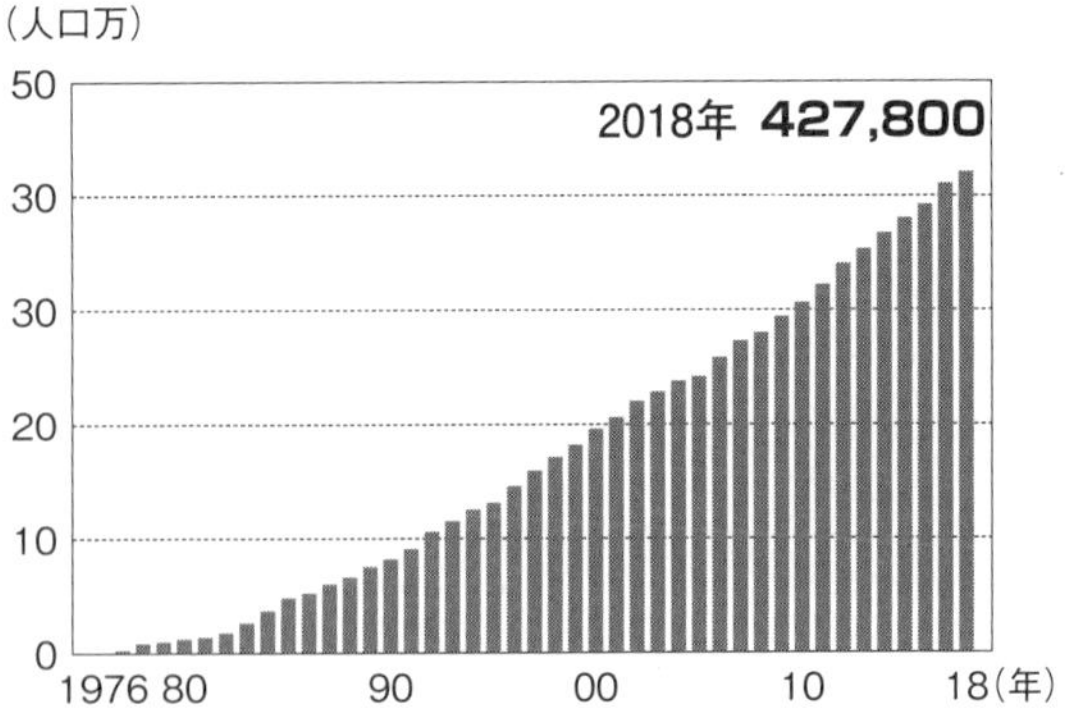

出所:放送大学テレビ科目「中東の政治（'20）」

福音派のポンペオにとって素晴らしい指導者なわけだ。

写真のような入植地が、国際法に違反してヨルダン川西岸に数多く建設されている。そして図3のグラフが示すように、既に40万を超えるユダヤ人が生活している。しかも安全を守るためと称して分離壁が建設されている。この壁はイスラエルとパレスチナを分離するのではなく、パレスチナ人から奪った土地に建設されている。つまりパレスチナからパレスチナを切り離している。こうした数多くの入植地が、とがったガラスの破片のように中東和平の希望に突き刺さっている。

さてトランプ政権のイスラエル支持の極め

つけが、2020年1月に公表されたトランプの中東和平案である。「世紀のディール」と自身で呼んでいるが、とてもパレスチナ側が受け入れられる内容ではない。その内容の一方的さを理解するためには、国際的なコンセンサスとして存在している解決案の概要と比べる必要があるだろう。それは、以下のような内容である。1967年の戦争で、イスラエルが占領したガザ地区とヨルダン川西岸地区から撤退し、そこにパレスチナ国家を樹立し、この国家がイスラエルと共存する。エルサレムを両国の共有の首都とする。両者の合意に基づく若干の国境線の調整は妨げない。

ところが、トランプ案ではエルサレムは、ほぼ完全にイスラエルだけのものとなる。ヨルダン川西岸の入植地の多くは、そのままイスラエルの主権下に入る。パレスチナの領土は分断されるなど、最初からパレスチナ側が拒絶せざるを得ない案である。

イラン核合意からの離脱とその後

これだけイスラエル寄り、もっと正確にはネタニヤフ寄りの政策を取っているのであるから、当然ながら中東における他の問題に関しても、ネタニヤフと歩調を合わせている。その例が対イラン政策である。具体的には、トランプはオバマ政権下でアメリカが署名したイラン核合意から、2018年に一方的に離脱した。そして、イランに対する経済制裁を再開した。それればかりか、以前よりも厳しい制裁を発動している。

この合意は、2015年にイランと諸大国が署名した文書である。諸大国は安保理の常任理事国5カ国とドイツである。通常P5+1として言及される諸国である。Pはパーマネント（permanent　常任）の頭文字である。この合意でイランは、核開発への制限や厳しい査察を受け入れた。P5+1の方は経済制裁の撤廃を約束した。戦争の危険をはらんでいたイランの核開発問題が、交渉で軟着陸した。

これはオバマ大統領の、外交における最大の成果であった。ところがトランプは、この合意を比ゆ的に言えば「破り捨てた」。

そもそもネタニヤフは、イランとの合意に批判的であった。この合意では、究極的にはイランの核兵器保有を阻止できないとの主張であった。この主張にトランプが同調した形で合意から離脱した。事実ネタニヤフ自身が、トランプを説得して離脱させたのは自分だと吹聴《ふいちょう》している。

ただトランプは、たしかにイランに対して厳しい政策を打ち出してはいるものの、この国と新たな戦争を始める意図は持っていないようだ。そのつもりならば、イランを攻撃する口実となる機会は何度もあった。

たとえば2019年6月に、アメリカ軍のドローン（無人機）がペルシア湾上空でイランの革命防衛隊によって撃墜される事件があった。ドローンは、アメリカによれば公海上を、イランによれば同国の領海上空を飛行していた。これに対してトランプは軍に報復を命じたが、その直後に命令を撤回している。ドローンの撃墜で人命が失われていないのに、報復で多数のイラン人を殺害したくはなかったと、トランプは命令の撤回を説明した。

さらに2019年9月にサウジアラビアの石油関連施設が、ドローンと巡航ミサイルで攻撃される事件があった。サウジアラビアもアメリカの諜報当局も、イランによる攻撃だと言明している。後にも見るように、トランプ政権はサウジアラビアとの関係の強化を謳いあげてきた。その国がイランによって攻撃された。ところがアメリカは、この時もイランを攻撃しなかった。

　こうして見ると、この大統領の外交はレトリックこそ激しいが、軍事的には抑制的である。イラク戦争を始めたブッシュ大統領よりは、軍事力行使に禁欲的であったオバマ的とも評価できるだろうか。

サウジアラビアの用心棒

　ネタニヤフには付き合うが、戦争まではしないというのがトランプの中東政策の要約だろうか。こうしたネタニヤフとのお付き合いは、サウジアラビアとの関係にも見てとれる。イスラエルとサウジアラビアの接近が目立っているからだ。

　公式の外交関係の樹立までには至らないが、両者の様々な面での接触が伝えられている。シオニズムを掲げ、イスラムの第三の聖地エルサレムを占領しているイスラエルと、イスラムの第一と第二の聖地であるメッカとメディナの守護者であるサウジアラビアの間の接近の理由は何だろうか。それは、イランが脅威だとの認識の共有である。トランプ政権も、この視点を共有している。したがってイスラエル、サウジアラビア、アメリカの反イラン同盟が成立している。

そもそも伝統的に、アメリカとサウジアラビアの間には密接な関係が維持されてきた。両者の接近は第二次世界大戦中にさかのぼる。この時期に、当時のアメリカ大統領のフランクリン・D・ルーズベルトとサウジアラビアの建国者アブドル・アジーズ国王が会談している。サウジアラビアはアメリカの石油会社に油田の開発を許し、アメリカは同国の安全を保障するというのが両国関係の基本である。

トランプは２０１７年1月に大統領に就任すると、最初の外国訪問としてサウジアラビアに向かった。それまでの大統領は就任後の最初の訪問地には、南北の隣国のメキシコかカナダを選んでいたが、トランプは伝統を破ってサウジアラビア重視を明確にした。

逆から見ると、同国が強い影響力を行使して、トランプ政権に最初の訪問国として自国を選ばせたとも言える。この影響力の背景には、同国のアメリカからの巨額の兵器購入がある。この訪問の際に報道されたサウジアラビアがアメリカから購入する兵器の総額は、日本円にして10兆円を超えた。これが軍需産業での雇用につながる。トランプのサウジアラビア重視の背景である。

同国の兵器購入は、ある意味では同国によるアメリカに対する「ミカジメ料」のようなものである。巨額の支払いによって、サウジアラビアはアメリカという用心棒を雇っているのである。このミカジメ料に当たる英語は、まさに「プロテクション・マネー（保護料）」である。

サウジアラビアは、もう何十年にもわたって天文学的な額の兵器をアメリカから輸入し続けている。しかし、依然としてアメリカの要員の支援なしには、その兵器を使いこなせない状況は変わらない。兵器輸入の本当の理由が、アメリカに対する保護料ではないかとの推測を裏書きする事実である。そして、恐らくは巨額の取引で潤う層がサウジアラビア国内にも存在するのであろうかとも推測させる。

サウジ・マネー漬けのアメリカ

サウジアラビアがアメリカの中東政策に影響を与えるために使っている手段は、兵器の購入のみではない。ワシントンのエリート層に浸透するために、さまざまな働きかけを行っている。その幾つかを紹介しよう。

まずトランプ一族のビジネスへの「投資」である。トランプの不動産事業に、多額の資金がサウジアラビアから流れ込んでいる。トランプ自身が2016年の大統領選挙で、サウジアラビアの金持ちが不動産をトランプから購入していると明言している。またトランプの娘婿のジャーレッド・クシュナーの不動産業にも、同様に多額のサウジアラビアの資金が投下されているのではないかとの疑惑がある。こうした個人的な利害が、アメリカのサウジアラビア政策に影響を与えているのではと推測されている。

サウジアラビアの資金が流れ込んでいるのは、トランプ家やクシュナー家のみではない。アメリカの首都ワシントン全体が、少し大げさに言えばサウジアラビアがらみの資金の流入でジャブジャブになっている観さえある。

たとえばワシントンに林立するシンクタンクと呼ばれる研究所群の多くが、サウジアラビアからの直接間接の寄付を受けている。それはサウジアラビアの石油会社のアラムコからだったり、同国への兵器の売却で天文学的な売り上げを誇るアメリカの兵器製造企業からだったりする。なるほど、こうした研究所の報告書でサウジアラビアを厳しく批判するものは多くない。

サウジアラビアのロビー活動で特に目を引くのは、イランの反体制派組織への資金提供である。「モジャヘディネ・ハルク機構」という組織がある。「人民の聖戦士機構」という意味である。長いのでモジャヘディンとして言及しよう。

モジャヘディンは欧米で活発な反イランのロビー活動を展開している。筆者自身、ワシントンでの記者会見に出席した経験がある。１９９０年６月であった。イラン・イラク戦争が１９８８年夏に終結し、ペルシア湾岸情勢が小休止していた頃である。この休止は、すぐに嵐に取って代わられた。会見から２カ月後の１９９０年８月にイラク軍がクウェートに侵攻して湾岸危機を引き起こしたからだ。

さて、この記者会見ではモジャヘディンの戦車部隊などの映像による紹介があった。記者の方から、それだけの活動資金はどこから来ているのかという質問があった。答えは有力な支援者がいる。だが名前は公表できないというものだった。

ところが、その名前が知られるようになった。２０１８年にヨルダンのメディアが、モジャヘディンを脱退した元財務担当者の証言を伝えている。1989年からサウジアラビアがモジャヘディンを財政的に支援してきた。自身が金塊や多数のロレックスの時計を、サウジアラビアからイラクのモジャヘディンの基地にトラックで運んだと語っている。金や時計はヨルダンで現金に換えられ、モジャヘディンの海外の口座に預金されたという。この証言で長年の疑惑が証明された格好だ。

資金源は隠されていたが、この組織は気前の良さで知られてきた。2018年6月にパリで大きな集会を開いたが、多数のシリア難民を東欧から集会への参加を条件にパリに無料で招待した。また架空のツイッターアカウントを使って、反イラン運動をネット上で大規模に展開していた事実も知られている。

さらに、高い謝礼を支払うことで知られている。イギリスの高級紙『ガーディアン』の報道によれば、かつてのトランプ大統領の安全保障問題の補佐官のジョン・ボルトンは、2017年に4万ドルの報酬を、モジャヘディンの集会での演説の謝礼として受け取っている。それまでも何度も演説しているので、これまでに受け取った総額は18万ドル程度に上るのではないかとも同紙は解説している。

演説は、モジャヘディンこそが現在の政権に代わって、イランを統治すべき民主勢力だという内容であった。この組織の集会で演説している著名人は、他にルドルフ・ジュリアーニ元ニューヨーク市長がいる。ジュリアーニはトランプ大統領の現在の顧問弁護士を務めている。そして故ジョン・マケイン上院議員も名を連ねている。２００８年の共和党の大統領候補である。

そもそもモジャヘディンは、１９６０年代にイランで当時の王制に反対する運動として始まり、武装都市ゲリラとして名をはせた。この組織を有名にしたのは、１９７０年代にイランで働いていたアメリカの軍事顧問の暗殺であった。革命後は、ホメイニ師に従う勢力と激烈な権力闘争を演じた。モジャヘディンは、爆弾テロでホメイニ派の指導層の多くを爆殺した。現在の最高指導者のハメネイも、そのテロで負傷しており右腕が上がらない。映像を良く見ると左手で握手している。

しかしながらモジャヘディンは、徹底的な弾圧を受けてイラクに逃れ、サダム・フセインと協力した。この段階で、イランでの大衆レベルでの支持基盤は消失したと考えられる。フセインの手先となってイランと戦ったのだから。そして今はサウジアラビアの資金援助を受けて、反イラン活動の先頭に立っている。アメリカ市民を暗殺して有名になった組織が、今や対イラン強硬策の応援団長になっている。そしてボルトンによれば、「イラン国民を代表する民主的な勢力」である。

テロ組織が民主勢力になった。サウジアラビアのお金の力の成せる業である。

危険な綱渡り

総括しよう。トランプは、ネタニヤフやサウジアラビアと同じ側に立って反イランの政策を進めてきた。だが、イランと新たな戦争を始めるつもりは無いようである。トランプは「アメリカ・ファースト！」というスローガンで２０１６年の大統領選挙を闘った。その意味は、アメリカの国益が最優先である。アメリカの将兵の血を海外で無駄に流さないという決意である。

ただし、問題はトランプの周りには好戦的な人々がいることだ。副大統領のマイク・ペンスや国務長官のマイク・ポンペオである。どちらも福音派との強いつながりで知ら

イスラエルのネタニヤフ首相とトランプ米大統領が笑顔で握手するエルサレム市街の看板（写真：朝日新聞社）

れ、対イラン強硬派である。ペンスはトランプ後の大統領への就任を狙っている。ポンペオは下院議員を経験している。近い将来に国務長官の職を辞して、上院議員選への出馬をめざすのではないかとの憶測が流れている。いずれも福音派を支持基盤としての出馬となるだろう。

繰り返そう。政治的な野心満々の2人の対イラン強硬派に、トランプは挟まれている。しかも中東各地にアメリカ軍が展開されているので、イラン軍と一触即発の状態にある。現場での事故が望まぬ戦争を引き起こす懸念が排除できない。歴史は、そうした例に満ちている。

トランプの中東外交は、危ない綱渡りである。

第2章　ジョー・バイデン――眠りから覚めた前副大統領

バイデンという男

民主党の候補者指名を確実にしたバイデン前副大統領とは、どのような人物か。その経歴と、民主党予備選を勝ち抜くまでの過程を追っていきたい。

バイデンは、1942年にペンシルバニア州でアイルランド系移民の家庭に生まれた。宗派はカトリックである。父親の事業の失敗から、一時は経済的に厳しい環境も経験した。その後、父親の収入が安定するとカトリック系の私立高校に進み、デラウェア大学を卒業している。大学と高校では、フットボールの名選手として知られていたようだ。さらにニューヨーク州のシラキュース大学のロースクール（法科大学院）に進んだ。若いころは吃音であったが、努力によって克服したとされている。また喘息を理由に徴兵を免除されており、ベトナム戦争で従軍の経験はない。ロースクール在学中に出会ったネイリア・ハンターと結婚、卒業後は弁護士として働き始めた。

そして1970年代に政界に転じた。最初は地方議員を務め、72年11月に民主党から出馬、若くしてデラウェア州選出の連邦上院議員に当選した。ところが、その翌月に悲劇に見舞われる。妻が3人の子供たちを乗せて運転していた車が、事故にあったのだ。妻と娘は死亡、生き残った2人の息子も重傷を負った。バイデンは、息子たちの看病のため議員の辞任さえ考えたようだが、思いとどまる。連邦議会の議員は、通常は選挙区とワシントンの両方に家を構えるが、バイデンは子供の面倒を見るため、デラウェア州の自宅から電車で1時間かけて議会へと通勤した。

以降7回の連続当選を果たし、1973年から2009年まで通算で36年間上院議員を務めた。その間に司法委員会、そして外交委員会に所属した。

この長い経歴の中で記憶に残るのが、2002年のイラクに対する武力行使の決議案への対応である。バイデンは、ヒラリー・クリントン上院議員などと共に、賛成の投票をしている。この議会の支持を踏まえて、当時のブッシュ（息子）大統領がイラク戦争を開始した。なおバラク・オバマとバーニー・サンダースの両上院議員は、反対の投票をしている。2008年の民主党の候補者指名争いでは、少しオーバーに言えば、この投票がオバマとヒラリーの勝敗を分けた。長年の外交経験を訴えたヒラリーに対して、判断力は自分にあるとオバマが主張する根拠となった。

今回の指名争いでも、サンダースはこの点を何度も指摘した。恐らく11月の本選挙でも、トランプはバイデンのイラク戦争支持の投票を厳しく批判してくるだろう。

オバマの片腕として

民主党の重鎮として存在感を高めていたバイデンは、１９８７年に大統領選への立候補を表明した。まだ44歳であった。当時の大統領は共和党のロナルド・レーガンで、２期目の任期が終わる時期であった。

資金集めは順調だったが、演説がイギリスの労働党党首の演説のコピーであるとの報道があり、批判が集まった。さらに学生時代のレポートでも、そうした行為があったとの報道が続いた。バイデンは、選挙戦から離脱した。この時はマイケル・デュカキス上院議員が民主党の指名を獲得したが、本選挙ではレーガンの副大統領だったジョージ・ブッシュ（父）に敗れた。

バイデンは、２００８年の大統領選にも出馬した。民主党の指名を求めて本命とされ

2020年2月、ニューハンプシャー州で演説するバイデン氏（写真：朝日新聞社）

たヒラリー・クリントン上院議員、ダークホースとされたバラク・オバマ上院議員などと争った。早い段階で、バイデンは離脱を迫られた。最後はオバマとクリントンが争い、結局はオバマが民主党の指名を受け、本選挙で共和党のマケイン候補を破って当選した。オバマは、ライバルであったバイデンとクリントンの2人を政権の要職に据えた。バイデンを副大統領に、クリントンを国務長官に任命した。その後8年間、バイデンはオバマの忠実な副大統領を務めた。

副大統領は重要だが、ある意味では目立たないポストである。だがバイデンはオバマの片腕として、比較的に大きな役割を果たした。

記憶に残っているのは、2012年の大統領選である。オバマの再選をめざす選挙で、バイデンは副大統領候補者同士の討論会に挑んだ。この年の共和党の大統領候補は、ミット・ロムニー元マサチューセッツ州知事だった。その副大統領候補は、ウィスコンシン州選出の下院議員である、42歳のポール・ライアンであった。

討論会でライアンは、「アラブの春」の混乱の際にリビアでアメリカ人外交官が殺害されたのは、オバマ政権が在外公館の警備をないがしろにしていたからだと批判し、バイデンに詰め寄った。バイデンはそれに対し、オバマ政権は在外公館の警備の強化のための予算案を提出していたが、共和党が多数を占める議会が予算案を否決した、と反論した。加えてライアン議員自身も、予算案に反対の投票をしたと切り返した。討論会の残した印象は、バイデンのノックアウト勝ちであった。バイデンの討論の技と、周到な調査で反論を準備したスタッフの、共同作業の勝利だった。

この2012年の大統領選では、オバマがロムニーに大差をつけて再選を果たし、バイデンも引き続き副大統領にとどまった。しかしヒラリーは国務長官を辞し、4年後の大統領選の準備に取り掛かった。

息子・ハンターの疑惑

２０１２年の副大統領同士の討論会は、バイデンの評価を高めた。だが、逆にバイデンの評判に傷をつける可能性のあるのが、息子のハンターである。この次男は、まだバイデンが副大統領だった２０１４年にコカインを使用して、海軍の予備役から除隊処分を受けている。

ハンターは、２０１４年から２０１９年にかけて、ウクライナのガス会社の取締役を務めている。期間の大半は、父親が副大統領だった時期と重なる。

なぜエネルギーの専門家でもないハンターが取締役に就任して、多額の給与を受け取っていたのか。トランプ大統領は、ウクライナの大統領に対してこの件を調査するよう求めた。しかしその際に、トランプが「調査をしなければアメリカの援助を止める」とウクライナの大統領を脅した、との嫌疑が浮上した。トランプが、外交を政治的なライバルを攻撃する手段に利用したとの批判が出てきた。２０１９年12月には、アメリカ下院が権力の乱用などの罪で、トランプ大統領を弾劾する決議を可決した。なお下院では民主党が多数を占めている。そして上院で弾劾裁判が始まった。

アメリカの憲法では、下院が弾劾の決議を可決した場合には、上院が弾劾裁判を行う。裁判の結果次第では大統領が罷免される。大統領を有罪にするには、上院の定数100名の3分の2以上の賛成を必要とする。だが現在の上院では共和党が多数を占めているので、その可能性はない。

2020年2月、予想通り上院はトランプの行為は弾劾には当たらないとして、無罪の評決を下した。民主党員は有罪の投票をしたが、多数を占める共和党員が、1人を除き全員が無罪の投票を行った。有罪票を入れた1人は、ロムニー上院議員であった。2012年の共和党の大統領候補者であり、オバマの再選時のライバルであった。ロムニーは、トランプ支持者からは裏切り者扱いをされ、民主党支持者からは信念を貫いたと評価された。

この問題でのトランプの弾劾裁判は終わった。しかし、ハンターのウクライナでのビジネスに関しては、議論が終わったわけではない。2019年10月、ハンター自身もウクライナ企業の取締役への就任に関して、「私が不適切なことをしたかというと、一切ない」と言明しながらも、「今思えば、まずい判断だった」と発言している。またバイデンがハンターの取締役への就任を知っていたか、また関与したかについては「取締役会入りの前後、父とは特に話し合わなかった。短いやりとりをしただけだ」と語っている。バイデンは、知ってはいたが口利きはしなかったという説明だろうか。今後も共和党側は厳しい追及を続けるだろう。

ハンターの外国企業との関係はウクライナだけにとどまらない。ハンターは、中国関連の投資会社の役員も務めていたが、2019年10月にそのポストからも辞任した。父親の大統領選への影響を懸念してのことであった。ハンター自身は、何らやましいことはしていないと主張している。しかしトランプ陣営は、ハンターの中国との関連に焦点を当て、父親の権力を笠に着て甘い汁を吸っていたというイメージを創り出そうとしている。息子のルートからバイデンを攻めている。

ハンターは、バイデンにとっては最初の妻との間の存命している唯一の子供である。交通事故で生き残った二人の息子のうち、長男のボーはその後に亡くなっている。

次男のハンターは、最初の妻との間には3人の娘に恵まれたが、24年間の結婚生活の後に離婚した。その後に兄のボーの未亡人との深い仲が報道された。さらにストリップショーに出演していたされる女性との間に、婚外子をもうけている。そして2019年に現在の妻と再婚している。

大統領と副大統領の距離

そして2016年の大統領選挙がやってきた。順当に行けば、副大統領が次の大統領候補として出馬する。ところがこの時は、2008年の候補者指名でオバマに敗れたヒラリー・クリントンがいた。ヒラリーは、オバマ大統領の1期目は国務長官として働いたが1期で退き、次の4年間は大統領選への準備に費やした。女性初の大統領の待望論が渦巻く中で、バイデンには居場所がなかった。立候補するのかしないのかと問われても、バイデンは「わからない！」と答えるばかりだった。

バイデンが立候補をためらった理由の一端は、オバマ大統領の冷淡さであった。オバマは、ヒラリーが民主党の指名を確実とするまでは、自分の忠実な副大統領であったバイデンを含め、誰も支持しなかった。8年間の盟友への温かい支持表明は、オバマの口からは出なかった。バイデンにもヒラリーにも、お墨付きは与えなかった。大統領と副大統領の関係は、なかなか心理的に複雑なようだ。かつてのライバルである副大統領のバイデンは、当時73歳だった。既に高齢過ぎるとの判断だったのだろうか。あるいはオバマも女性大統領の誕生を期待する一人だったのだろうか。

オバマの前に大統領を務めたブッシュ（息子）大統領も、副大統領を後継者に指名しなかった。ブッシュの2期目の最後の年となる2008年の大統領選では、共和党はアリゾナ州選出のジョン・マケイン上院議員を候補者に指名した。ベトナム戦争の際に海軍のパイロットとして撃墜され、捕虜収容所で何年も過ごした硬骨の退役軍人である。この時は、副大統領のディック・チェイニーは心臓病を患っていた。

ところが当時のバイデンは、73歳とはいえ健康であった。オバマとバイデンの間の関係は、見かけ以上に微妙だったのだろうか。ヒラリーは、バーニー・サンダースの挑戦に予想外の苦戦を強いられたが、民主党の指名を獲得した。この段階で初めてオバマとバイデンは、ヒラリー支持を鮮明にした。だが、本選挙では予想に反してヒラリーがトランプに敗れた。

スリーピー・ジョー

さて、2020年の大統領選である。今度はバイデンが立候補を表明した。また、2016年にヒラリーと指名を争ったサンダースも出馬した。その2人を含め、民主党の指名を求めて立候補した人数は、なんと28名であった。本命はバイデンであったが、20名以上の立候補者が出た事実から判断すると、バイデンが絶対的な存在でなかったのも確かだった。

予備選の始まる前に、バイデンはよろめいた。その現場は、2019年6月の候補者間でのテレビ討論会であった。候補者が20名を超えていたので、当初は一度に10名ずつのテレビ討論会が二夜にかけて行われた。一人一人に割り振られている時間が短いので、見ていてもなかなか議論が深まらない。この制限の中で視聴者に強い印象を与えるのは、至難の技であった。

そうした中でも最も成功したのは、カマラ・ハリスであった。ハリスはカリフォルニア州選出の上院議員である。バイデンと同席した第1ラウンドの2日目の討論会で、ハリスがバイデンを批判した。バイデンの人種問題に関する過去の言動を攻撃した。1960年代からアメリカでは、貧しい地区と豊かな地区の子供たちを、同じ学校で学ばせるための努力が行われてきた。バスで双方の一部の生徒を、他の地域の学校に通学させるのである。早い話が、黒人の子供を白人の学校に送り込んだ。バイデンは、これに反対した過去があった。ハリスはそれを批判した。そして自分もバス通学を経験していると、自らの体験にひきつけた発言をした。父親がジャマイカ系で母親がインド系なので、ハリスは自らをアフリカ系とは呼ばない。黒人と呼んでいる。

バイデンは、半世紀にもわたり政治家として過ごしている。叩かれればホコリの出そうな部分もある。共和党の保守派の議員と協力して、法案を成立させた例もある。50年前は人種問題に関する社会通念も、今とは違っていた。しかしバイデンは、この攻撃に反論できなかった。ある意味では予想された批判であったにもかかわらずだ。

2012年の副大統領候補者同士の討論会では、ライアン議員の打ち込んでくるコメントをあれほど見事にはね返したバイデンが、この時にはよろめいた。なぜ反論を準備していないのだろうか。宿題をしていなくて先生に叱られる子供のようであった。

バイデンを支えるべきスタッフの資質にも、疑問符がつけられた。「バイデン老いたり！」との印象が生まれた。これをトランプは「スリーピー・ジョー（寝ぼけまなこのジョー）」とからかった。そして、このよろめきで、バイデンの指名獲得が当然視されていた雰囲気が一変した。民主党の候補者選びは、ますます混沌とした。バイデンのよろめきが、先行きを不透明にした。

新星候補の登場

こうした混沌の中で、２０２０年2月から予備選挙が始まった。緒戦で飛び出したのが、新星のピート・ブティジェッジだった。

2月3日にアイオワ州で行われた最初の「予備選挙」を、ブティジェッジが押さえた。アイオワでは党員集会という特殊な形態での候補者への支持表明が行われる。厳密には予備選挙ではない。しかし、ここでは話を複雑にしないために予備選挙としておこう。ブティジェッジとは発音に苦労させられる名前である。実は、この人物はマルタ系である。マルタ島はイタリアとリビアの間に浮かぶ島で、父親がこのマルタ島からの移民である。

ブティジェッジは、大変な語学の才能の持ち主のようで、ペルシア語、ノルウェー語、スペイン語など、8カ国語を話す様子がネット上の動画で確認できる。子供の頃から神童と呼ばれていたようだ。

ハーバード大学を卒業し、イギリスのローズ奨学金でオックスフォード大学にも留学している。アメリカの優秀な学生をイギリスに留学させるローズ奨学金制度の恩恵を受けた著名人は多い。その一人が元大統領のビル・クリントンである。ベトナム戦争期の若者のクリントンは、徴兵を嫌ってカナダに逃れていた。ところが、ブティジェッジの方は志願して入隊し、アフガニスタンで戦っている。その後は投資銀行での勤務を経て、出身地であるインディアナ州サウスベント市の市長となった。

また、この人物は自らが同性愛者だと公表している。アフガニスタンの戦場で、自分に残された時間がどのくらいあるのかわからない、死と隣あわせの生活の中で、公表を決断したという。

インディアナ州は、現在のペンス副大統領が知事をしていたことでわかるように、キリスト教保守派の強い土地柄である。そのインディアナで、同性愛者として選挙で勝ちぬくのは並大抵のことではない。この政治家の資質の高さを示しているのだろうか。ブティジェッジの主張は、バイデンと同じように民主党の中道を行くものであった。

違いは若さだ。77歳のバイデンの半分以下の、38歳である。討論会での巧みな演説と機転の利いた切り返しで注目を集めた。そしてバイデンがよろめいた隙に、アイオワを制した。

2月11日には、第2ラウンドに当たるニューハンプシャー州での予備選が行われた。ここでは新たな参加者があった。マイケル・ブルームバーグ前ニューヨーク市長である。ブルームバーグは自分の名の通信社を立ち上げて、一代で巨富を築いた人物だ。莫大な費用を、自らの資産から選挙宣伝に投じての参戦だった。ビジネスマンのトランプを破るには、ビジネスでトランプ以上に成功した自分が適任だとの議論を展開した。

だが投票直前の討論会で、それまでの女性を侮辱する発言などを指摘されてタジタジとなった。女性を侮辱するトランプ大統領に代わって、別の女性蔑視の大統領は不要だと、女性候補のエリザベス・ウォーレン上院議員が追い詰めた。最初の討論会で叩かれたバイデンがサンドバッグ状態だったとすれば、ブルームバーグはサンドバッグがパンチで破れたような状況だった。

討論会でブルームバーグをノックアウトしたにもかかわらず、ニューハンプシャー州の予備選で勝利を収めたのは、ウォーレンではなくサンダースであった。ブティジェッジは2位につけた。ウォーレンとバイデンは、サンダースの3分の1程度の票しか獲得できなかった。ブルームバーグは最下位だった。大金持ちの前ニューヨーク市長の唯一の成果は、お金だけでは選挙には勝てないと証明したことだった。

サウスカロライナで踏みとどまる

次に行われた2月22日のネバダ州での予備選でも、サンダースがバイデンの2倍の票を得て圧勝した。ブティジェッジ以下の他の候補は、サンダースに蹴散らされた観があった。サンダース優勢との見方が広がった。

ただバイデンにとっての救いは、テレビ討論会での出来が良くなってきたことであった。初回の討論会での、サンドバッグのように打たれっぱなしという印象が薄まった。決して他を圧するような存在感を示したわけではないが、それなりのレベルの発言が続いた。サンドバッグが打ち返し始めた。少なくとも、バイデンが認知症なのではないかとの疑惑は消えた。

最初の討論会前に、バイデンと周辺が抱いていたのかも知れない幻想から、目を覚ましたのかもしれない。その幻想とは、本命の候補者で前副大統領であるので、努力しなくとも指名は当然バイデンが受けるはずだという思い込みだったのだろうか。スリーピー・ジョーが目を覚ました。

2月29日には、サウスカロライナ州で4つ目の予備選が行われた。ここで負ければ、バイデンにとっての最後の予備選挙となる可能性があった。バイデンは長年の政治家としての経歴を通じて、サウスカロライナ州の黒人の間に強い支持基盤を築いていた。サンダースも、若き日に黒人の投票権を求める公民権運動に参加して逮捕された経歴を訴えた。

結果は、同州の有力な黒人政治家の支持を得たバイデンの圧勝であった。バイデンは、サンダースの倍以上の票を獲得した。バイデンが崖っぷちで踏みとどまった。勝負は、3月のスーパーチューズデーへと持ち越された。

スーパーチューズデーというのは、3月の最初の火曜日に14州で一斉に予備選挙が行われることでつけられた名称である。もっと正確に書けば、この日にはアメリカ領の太平洋諸島のサモアでも予備選挙が行われた。2020年は3月3日であった。サウスカロライナで踏みとどまったとはいえ、バイデンには厳しい状況だと見られていた。サンダースは、小口ながら大勢からの寄付で十分な選挙資金を集めていた。そして熱心な若者たちが、ボランティアで草の根レベルの組織を広げていた。

バイデンにとっての朗報は、サウスカロライナでのバイデンの勝利を受けて、ブティジェッジが選挙からの離脱を表明したことだった。また、ミネソタ州選出のエイミー・クロブシャー上院議員も撤退を表明した。いずれもバイデンに代わる中道派の旗手となろうとしていた。しかし、サウスカロライナでの惨敗を受けての離脱表明であった。そして2人はバイデン支持を表明した。さらに、２０１９年のテレビ討論会でバイデンを批判したハリス上院議員までもが、バイデン支持を表明した。この議員は、討論会での活躍にもかかわらず支持が伸びなかったので、予備選が始まる前の２０１９年末に撤退していた。

こうした一連の選挙からの離脱とバイデン支持表明の裏では、予備選の山場であるスーパーチューズデーを前に、何としてもサンダース指名の阻止を狙う民主党の幹部連からの強い働きかけがあったとも伝えられる。働きかけた一人にオバマがいたのだろうか。いずれにしろ、これで中道派の票をバイデンから奪いそうな候補はいなくなった。ブルームバーグは離脱しなかったが、もう誰も本気で相手にはしていなかった。ウォーレン上院議員も選挙に残っていたが、ウォーレンは進歩派で、票を奪うとすればバイデンからでなくサンダースからである。

逆襲のスーパーチューズデー

そして3月3日がやって来た。投票の結果は、バイデンの逆転による圧勝であった。バイデンは10州で、サンダースは4州で、そしてブルームバーグはサモア諸島で勝利を収めた。バイデンの押さえた10州の中には、マサチューセッツ州も含まれていた。

この結果を受けて、同州選出の上院議員のウォーレンも、選挙戦からの離脱を表明した。しかし興味深いのは、政策的には近い進歩派のサンダース支持は表明しなかったことだ。

バイデンは逆襲でトップに立つと、副大統領候補に女性を指名すると公約した。候補者として名前が挙がっているのが、バイデン支持を表明したハリスとクロブシャーの両上院議員である。しかしバイデンが進歩派の票を取り込もうとすれば、同じ中道の立場のハリスやクロブシャーよりも、進歩派のウォーレンを選ぶ方が政治的には賢明だろうか。ウォーレンは、サンダース支持を表明しないことで、こうした可能性に含みを残したのだろうか。

スーパーチューズデー以降も、バイデンが連勝を重ねた。獲得代議員の数でみると、4月初旬の段階でバイデンが1225人、サンダースが914人である。300人以上の差があった。サンダースの逆転は、かなり難しい状況となった。そして4月上旬に、サンダースが候補者指名争いからの離脱を表明したことで、バイデンの勝利が決まった。

なぜバイデンは勝ち残れたのだろうか。もちろん、抜群の知名度など勝利の要因は多い。だがバイデン自身が強く訴えたのは、自分こそがトランプに勝てる候補者だという点である。英語ではエレクタビリティ（electability）という言葉が使われる。言外の意味は「社会主義者のサンダースでは勝てない」であった。

サンダースでは勝てないかどうかについては、反論もあるだろう。ただ予備選でサンダースが勝てなかった大きな要因は、支持者の熱さにもかかわらず、票数が伸びなかったからだ。サンダースのキャンペーンの訴えは、これまで選挙に来なかった層を動員してアメリカを変えることであった。

結果は、残念ながらサンダースの主張を裏付けていない。サンダースの得票数は2016年の予備選挙と比べて伸びていなかったのだ。アメリカの有識者たちは、次のような説明をしている。前回の選挙でサンダースに投じられた票の多くは、実はサンダース支持ではなくヒラリーへの反対票であった。それほどヒラリーという候補者は嫌われていたのだろうか。さらに投票者のデータ分析の結果から、バイデンへの投票者には郊外に住む婦人層が多い事実も抽出されている。保守的ではあるが、トランプの女性蔑視の言動に耐えられない人々がバイデンを支えたとの解釈である。

「第三期オバマ政権」になるのか

次にバイデンの政策を取り上げよう。バイデンは上院議員や副大統領として、豊富な経験を有している。2期8年間にわたって副大統領を務めたバイデンが大統領に選ばれれば、オバマ第三期政権的な政策の展開が予想される。

まず民主党の候補者たちの間での最大の課題は、医療保険である。バイデンは、オバマ政権時代に成立した医療保険制度、いわゆる「オバマケア」を引き継ぎ、この制度から落ちこぼれている人々を救済する新たな制度の創設を訴えている。所属企業の提供する医療保険を受けている労働者などは、既存の制度の保護をそのまま受けられる内容となる。

　貿易政策では、恐らくオバマ時代の自由貿易政策と比べ、保護貿易寄りになるのではと思われる。自由貿易の結果として、中西部にあった多くの工場が中国など外国に移転した。その結果がブルーカラー層の失業であった。この人々こそ、伝統的な民主党の支持基盤であった。この層の民主党への反乱が、２０１６年のトランプの当選を準備した。この層の支持を取り戻すためには、オバマ期のような自由貿易への復帰というわけにはいかない。

　環境やエネルギー問題はどうか。地球温暖化の問題では、トランプが離脱したパリ協定に戻るとしている。この面ではオバマ的である。しかし、実はエネルギー政策ではオバマ期の政策から離脱しようとしている。

　バイデンは、シェール・ガスと石油の生産について、国有地での新たな掘削の停止を打ち出している。すでに見たように、シェール・エネルギーの採掘には、環境的には問題視されているフラッキングという技術が使われている。バイデンがそれを制限する方向で動くのであれば、中途半端ではあるがオバマ路線からの離脱を意味することになる。詳しくは次章で触れるが、この政策変更の背景にはサンダースの影響がある。

バイデンの中東政策

バイデンの外交政策はどうか。全体的に見ると、オバマ政権期への復帰の色彩が強い外交を提案している。まずトランプ政権による、NATOなどの同盟諸国をないがしろにする政策を批判し、同盟諸国との関係の再構築を訴えている。

次に中東政策を詳しく見ておきたい。大枠としては、アメリカが中東に介入して自らのイメージに合わせた民主国家を創ろうという、ブッシュ（息子）大統領の時代のような野心に批判的である。

バイデンは、アメリカに必要なのは中東での国家建設ではなく、この地域からのテロリストによるアメリカへの攻撃の阻止であると考える。そうであれば、必要なのは少数の対テロ戦争に特化した部隊である。少数の特殊部隊を中東に駐留させて、ドローン

（無人機）などを使いつつテロ組織を攻撃しようという発想である。これも基本的にはオバマ期の政策である。そして、トランプも引き継いだ考え方である。

次に、アメリカと対立の高まっているイランとの関係をどうするのか。バイデンは既に見たように、オバマ政権のナンバー・ツーであった。当然ながら、オバマのイラン核合意を支持している。大統領に選ばれれば、合意への復帰を明言している。

また、新型コロナウイルスの被害がイランで高まっているとの報道を受けて、人道的な理由からも対イラン経済制裁の撤廃を呼びかけている。これは、サンダース議員が同様の呼びかけを行った翌日の発表であった。すでに34名の上下両院の議員が、こうした呼びかけの書簡に署名している。名を連ねたのは、民主党の候補者指名を争ったウォーレン上院議員や、ミネソタ州選出のソマリア移民でイスラム教徒の女性イルハン・オマル下院議員など、いずれも進歩的な政治家たちである。

イスラエルとパレスチナに対する政策はどうなるだろうか。バイデンは、オバマ政権の一員として、イスラエルのパレスチナ占領地へのユダヤ人の入植政策に批判的であった。２００９年の発足当時、オバマ政権はイスラエルに対して入植の凍結を求めた。だがイスラエルとアメリカ国内のイスラエル支持勢力の強い反発を受けて、この政策は腰砕けになってしまった。そこでオバマはイスラエルに圧力をかけるのをあきらめ、代わりにイランとの核合意の成立に外交努力を集中させた。つまり凍結要求を凍結してしまったのだ。

もしオバマ政権の前例から判断すれば、バイデンはイスラエルに批判的ではあるが、事を構えて圧力をかけようとはしないだろう。事実、バイデンは議員時代から自身を「シオニスト」と呼ぶほど、イスラエルへの強い支持で知られてきた。バイデンの言葉を使えば、「シオニストになるのにユダヤ人である必要はない」のである。

バイデンは、二国家解決案を支持している。そのために必要とあればイスラエルに圧力をかけるとは言明しているが、そのテコにアメリカのイスラエルへの援助を使うというやり方に関しては否定的である。この点が、後に見るサンダースとの違いである。またエルサレムに移したアメリカ大使館を、テルアビブに戻すつもりはない。

サウジアラビアには批判的

イランやイスラエルへの向き合い方については、基本的にはオバマ政権期の踏襲であるが、違いの予想される点もある。それは、サウジアラビアに対する政策である。

オバマは、それまでの政権と同様にサウジアラビアに多額の兵器を売却した。そして2015年に、サウジアラビアがイエメンに対する軍事介入を開始すると、その作戦を補給面で支援した。アメリカの支援なしには、サウジアラビアの空軍はイエメンに対する爆撃を続けられない。なぜなら、兵器や弾薬がアメリカ製であるところから始まり、兵器の補修や爆撃機に対する空中給油のサービスまで、アメリカにおんぶにだっこに肩車に乳母車状態で、サウジアラビアはイエメン介入を続けているからだ。その親サウジアラビア政策を踏襲して、極端にしたのがトランプである。オバマとトランプの両者に大きな違いはない。

ところがバイデンは、サウジアラビアに批判的である。サウジアラビアの戦争への支援の停止を求めている。また兵器の売却に関しても消極的である。オバマとバイデンの対サウジアラビア政策の違いの背景には何があるのだろうか。キーワードは、「カショギ」と「イエメン」である。

まずカショギである。2018年に、イスタンブールのサウジアラビア総領事館を訪れた同国市民のジャーナリストのジャマール・カショギが、同領事館内で殺害されるという事件があった。遺体は切断されて「処分」されたとのショッキングな報道が流れた。

当時カショギはアメリカに住んでおり、サウジアラビアの体制に批判的な記事を、アメリカの代表的な新聞「ワシントン・ポスト」などに寄稿していた。そのジャーナリストを、サウジアラビア当局が残忍な形で殺害した。トランプ大統領だけが、誰の犯行かは明白ではないと言い張っている。しかし、世界の大半はサウジアラビアのムハンマド・ビン・サルマン皇太子の命令で、サウジアラビアの諜報当局が殺害したと信じている。このジャーナリストの殺害に対する怒りは、バイデンひとりにとどまらない。民主党の議員ばかりでなく、事件の余りの猟奇性に普段はトランプ支持の共和党の議員も、サウジアラビア批判の声を上げた。

そしてイエメンである。イエメンはアラビア半島の南端に位置している。人口は30

00万弱、広さは日本の1倍半くらいの山がちの国である。アラブ世界では、最も貧しい国に数えられている。

5年前の2015年3月に、サウジアラビアはアラブ首長国連邦などと共に、イエメンの内戦に軍事介入を開始した。そもそもこの内戦は、いかにして起こったのだろうか。その起源は、「アラブの春」と呼ばれたアラブ諸国で大衆の民主化を求める運動にあった。これは2010年末にチュニジアで始まった運動で、エジプト、リビア、シリア、バーレーンなどに波及した。イエメンでも、それまで長年にわたり君臨していたアリー・アブドッラ・サーレハ大統領が退陣に追い込まれた。その副大統領であったアブド・ラッブ・マンスール・ハディが、暫定的な大統領となった。だが政治は安定せず内戦が始まった。この内戦で優位に立ったのが、シーア派のフーシー派だった。フーシー派は、首都サナアを制圧した。

これに反発したサウジアラビアは、ハディ大統領の政権を支援して軍事介入し、大規模な爆撃を行った。しかしフーシー派は粘り強く戦い、サウジアラビアなどの苦戦が続いた。フーシー派がイランの支援を受けているので、この内戦はイランとサウジアラビアの代理戦争の様相を呈している。そして2020年現在、戦況はフーシー派に有利になっている。その証拠に、2020年3月末にサウジアラビアの首都リヤドに対するミサイル攻撃があった。

この戦争は、現在進行中の数ある地域紛争の中でも特に重要である。なぜなら、まず世界で最悪ともされる人道的な悲劇が起こっているからである。国連の報告によれば、国民の3人に1人が飢えている。しかも300万人が難民化している。その上、コレラが広がっている。さらに悪いことには、サウジアラビアなどの爆撃によって病院など医療施設の多くが破壊された。戦闘、飢餓、難民化、医療体制の破壊などによって、既に万単位の死者が出ている。そして今、イエメンでの新型コロナウイルスの感染が懸念されている。感染が広がれば崩壊状態の医療体制では手の施しようがないだろう。状況は、地獄絵の一歩手前まで来ている。

イエメンの惨状への認識が広まるにつれて、アメリカのサウジアラビア支援に対する批判の声が高まっている。2019年5月には、上院でアメリカのイエメン戦争への関与の停止を求める決議が成立している。上院では共和党が多数を占めているので、共和党の支持抜きでは成立できない決議が通った。いかにサウジアラビアのイエメン介入への批判が広がっているかがわかる。

しかしこの決議は、トランプ大統領の拒否権行使によって葬られた。バイデンのサウジアラビアに対する批判的な姿勢は、党派を超えたコンセンサスを反映している。こうした違いを見ると、バイデンの中東政策はオバマ第三期というよりは、オバマ・プラスとでも表現した方が良さそうである。

なお、2020年3月に、1993年に当時のバイデン上院議員から性的な暴行を受けたと元スタッフの女性がメディアに訴え出た。もちろんバイデンは否定している。また、これまでバイデンに関しては、性的な疑惑は皆無であった。その証拠に2008年にはオバマ陣営が徹底的な調査をした上で副大統領候補に指名した。いわば「身体検査」済みの体である。しかも今回の告発を受けメディアが広範な調査を行ったが、事件の発生を裏付ける証言は出ていない。

第3章　バーニー・サンダース——撤退後も闘うアウトサイダー

敗北後にサンダースを語る意味

トランプ、バイデンに続き、サンダースの政策に関して語りたい。だが、その前に、この人物の政策を語る意味について論じたい。すでにバイデンで決まっている中で、まだサンダースの政策を語る意味があるだろうか。筆者は、大いにあると考えている。

「はじめに」で述べたように、バイデンが本選挙で勝利を収めるためには、サンダース支持者の票が必要となる。２０１６年のヒラリー・クリントンの敗北の大きな理由は、サンダース支持者が本選挙でヒラリーに投票しなかったからである。中にはトランプに投票したサンダース支持者さえいた。ヒラリーはこの層に見捨てられ、本選挙で敗れた。その過ちを繰り返さないためには、バイデンは自分の政策をサンダース寄りにして、その支持者の票を取り込む必要に迫られている。

実際、バイデンはすでに、教育面や環境面でサンダースの政策に近づく努力をしている。バイデンが、公有地でのシェール・エネルギー開発に反対し始めたことはすでに触れた。これはサンダースの革新的な環境エネルギー政策に、バイデンが歩み寄ったと

2020年2月、アイオワ州の党員集会で声援に応えるバーニー・サンダース氏（写真：朝日新聞社）

みなされる例のひとつである。バイデンは、恐る恐るサンダースの大胆な政策に近づきつつある。外交面でも同じような傾向が見て取れる。そうであれば、バイデンが近づきつつあるサンダースの政策を知る必要がある。

また、たしかにサンダースは民主党の候補者指名の獲得はあきらめたと発表したが、同時に残された予備選で自分（サンダース）に投票して欲しいと支持者に呼びかけている。民主党予備選の投票用紙には、まだサンダースの名前が印刷されている。なぜ、指名をあきらめた自分への投票を求めるという不思議な訴えをするのだろうか。

それは、一人でも多くの代議員を獲得することで発言力を増し、民主党の選挙綱領に進歩的なプログラムを書き込ませるためである。サンダースの選挙キャンペーンは終わったが、アメリカ社会を変えて行こうとする運動は終わっていない。

撤退スピーチ

サンダースの大統領選離脱表明の演説には、新型コロナウイルスの感染拡大を受けた強い危機感と、運動継続への強い意志が現れている。少し長いが引用しておこう。

私たちは、かつてない危機に直面している。この困難な状況の中、勝つことができない選挙戦を続けることは、求められる重要な仕事の妨げとなる。選挙戦からの撤退を表明する。少し前までは、私たちの主張している考えは過激だとか非主流派だと言われていた。しかし今はそれが主流の考え方になっていて、全米の州や都市で、訴えてきた考えが実践されている。これは私たちが共に達成したことだ。

（中略）

皆さんに認識して欲しいのは、私たちは思想的な論争に勝利しただけではなく、世代的にも勝利を収めたということだ。私たちの国の将来を担うのは若者たちだ。さまざまな州で次々と若者の、大多数の支持を得られた。これは30歳以下だけではなく、50歳以下でもそうだ。言葉を変えると、この国の未来を担う人たちは、私たちと同じように考えているということだ。

（中略）

私たちは、これまでにない危機に直面している。日々多くの人の命を奪い続ける新型コロナウイルスの流行だけでなく、数百万人もが職を失うという経済的メルトダウンとも向き合わなければならない。現在、2～3カ月前には想像もつかなかったような経済的困難にいる家庭が、アメリカ全土にある。受け入れがたいレベルの収入や保有資産の不平等により、蓄えが少ししかない、もしくは全くない私たちの友人や地域の人々は、家賃やローンの支払い、時には食べて行くだけで必死になっている。

私の中で明確なのは、この未曾有の危機の中で、議会はこれまでにない形で対処し、特定の人々や集団の利益だけでなく、この国に暮らす労働者の家族の健康と経済的福祉を守らなければならないということだ。民主的指導層の一員として、米国の上院議員として、そしてバーモント州選出の上院議員として、私はこれからの月日をその対策に全力で関わっていきたいと考えている。そのためにはとてつもない時間と労力が必要だ。それが大統領選挙キャンペーンから撤退するという状況につながっている。

（中略）

強調したいことは、皆さんも知っているとおり、私たちのキャンペーンはただの選挙キャンペーンではないことだ。私たちがしていることは、草の根の、人種・民族や世代を越えた運動である。私たちは本当の変化はトップダウンで起こることはなく、下から上に向かって起こすものだと信じている。これまでウォール・ストリート、保険会社、製薬会社、石油産業、軍産複合体、刑務所関連産業の複合体、そして大企業のトップたちの強欲さを相手に戦ってきた。その戦いはこれからも続いていく。

選挙キャンペーンは終わるが、運動は終わらない。私たちのキャンペーンの目的は

正義を求める闘いであり、これからの私たちの運動にもつながっている。私と一緒にこの戦いに残って欲しい。目標はまだ先に続いている。一緒に前に進んでいこう!!

サンダースの、「選挙キャンペーンの終わりは、アメリカを変えようという運動の終わりではない」という主張のスピーチであった。

アメリカは世界の未来

サンダースの政策を語るべきもうひとつの理由は、長期的に見れば、サンダース支持層が民主党の未来だからである。あるいはアメリカの未来だからである。スピーチで本人も強調しているように、若年層の間の支持では、サンダースがバイデンを上回っている。

たとえば、バイデンが勝ったミシガン州を取り上げよう。18歳から29歳の年齢層だけで見ると、サンダース支持が57%で過半数を占めた。そしてヒスパニックと呼ばれるラテンアメリカ系の人々の間でも、サンダースは53%を押さえた。この人々も民主党の未来を握っている。なぜなら、その人口と投票率の伸びが予想されているからだ。

ヒスパニック人口は約6000万で、アメリカの総人口の18%を占めている。この数値は、1970年代から実に6倍に増えている。そして今世紀の中頃には、人口は1億人を超えると推測されている。これは、アメリカ人の4人に1人がヒスパニックとなる計算である。

左のグラフを見ていただきたい。これはピュー研究所が2016年に公表した、アメリカの人種構成の予測データである。予測では、2065年には、ヒスパニックの人口比が24%に達する。その後の研究などによれば、この時期がもう少し早まるのではないかとの見方が一般的なようだ。

ヒスパニック人口の増大がすでに感じられるのは、人口面でアメリカ最大の州であるカリフォルニアである。時々、「アメリカは世界の未来」という言い方がされる。ファッションや音楽など、アメリカで起こった流行がやがて世界中に広まるからだ。その前に、まずカリフォルニアで起こったことが、やがてアメリカ全体に広がる。つまり「カ

図4 アメリカの人種内訳の推移(1965年〜2065年)

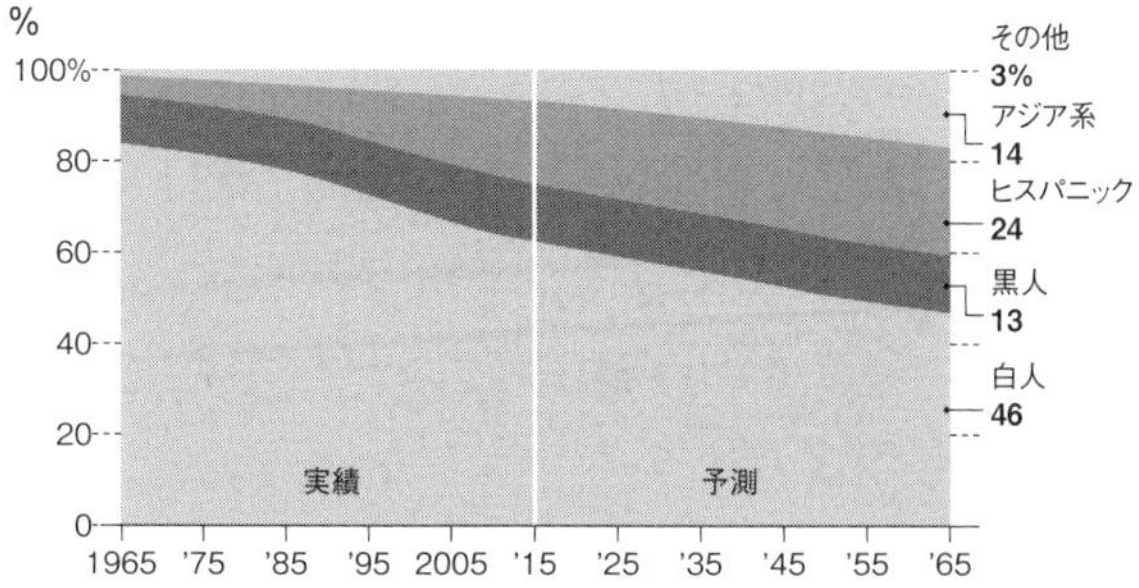

出所:ピュー研究所

リフォルニアはアメリカの未来」なのである。そのカリフォルニアの有権者の3割以上はすでにヒスパニックである。そしてアメリカ全体でも、いずれヒスパニックが増大することを示している。今回の予備選挙ではサンダースが、この州を制した。

人口で2番目のテキサス州でも、ヒスパニックの割合は3割を超える。しかも伝統的に低いとされてきたヒスパニックの投票率が、上がっている。２０１８年の中間選挙でのヒスパニックの投票率は、２０１６年の選挙の2倍であった。ヒスパニックはアメリカの未来を決める大きな力である。この人たちの支持を集めるサンダースの政策が、将来のアメリカの政策になる可能性は決して小さくない。

結論を繰り返そう。民主党の大統領候補者指名を求めるキャンペーンの停止にかかわらず、サンダースの政策を語る意味は大きい。

「民主社会主義者」の政策

サンダースは、自らを「民主社会主義者」と名乗る。アメリカ社会には社会主義という言葉へのアレルギーがあり、以前ならそのような候補者が大統領予備選の決選投票まで残るようなことはあり得なかった。その原因には、広がる格差への反発がある。景気は良く失業率は下がっているのに、賃金が上がらず暮らしが厳しくなるという現実への反動である。無限とも思える政治献金で、金持ちが政治家を買収して金持ちへの減税を続けるシステムへの反発である。

サンダースは、政治家になった1981年から40年間にわたり、一貫して「公平で公正な社会を実現しよう」と語っている。それが受け入れられるようになってきた背景には、アメリカ社会の変化がある。現実がサンダースの主張に追いついた、と言えるのかもしれない。サンダースの掲げる政策の骨子を具体的に見ていきたい。

【国民皆保険】

サンダースの改革運動の本丸が、医療保険改革である。先進工業諸国の中で唯一、アメリカのみが国民全員に医療保険を提供していない。世界で一番豊かなはずのアメリカで、病気をしたらその治療費で破産してしまうような現状はおかしいではないかという議論である。

オバマ大統領の時代に成立したオバマケアは、確かに大きな前進ではあった。それでも何の医療保険にも加入していない人たちが、総人口の8%に当たる3000万人も残されている。貧困層だけではなく、民間の保険に入っている中間層も、高額な治療費によって破産するケースが後を絶たない。サンダースは国民皆医療保険制度の実現で、医療面から人々を支えようとしている。

【経済格差の解消】

医療保険の問題は、アメリカ社会を分断する経済格差の反映である。大富豪は政治家に巨額の寄付をして、金をもらった政治家が、大富豪に減税する制度を作る。大富豪の資産はさらに増え、格差はどんどん開いていく。一般の中間層は没落していくという流れになっている。

サンダースが選挙で使った数値を引用すると、アメリカ最大のチェーンストアであるウォルマートを所有する一族の資産は、アメリカ国民の貧しい方から43%が保有する資産の合計よりも大きい。つまり1億3590万人の資産の合計よりも、ウォルマート一族の富の方が大きいのである。1億3590万人といえば、日本の総人口の1億2000万よりも多い。たった一家族がこれだけの富を保有し、その富を使って政治を買っている状態は異常であると訴えている。

格差解消のために、具体的にはどうするのか。第一は、大富豪と大企業への課税の強化である。アマゾン社など莫大な利益を上げている企業は、さまざまな節税対策を講じて税金をほとんど払っていない。大富豪や大企業にも、収益に見合った税金をきちんと払ってもらうとの提案である。それによって、国民皆保険の財源を捻出することができる。

また、大富豪や大企業が、無制限に政治家に献金できる制度を改めるとしている。そうしなければ、金で買われた政治家が大富豪や大企業のための減税を始めとする優遇措置を止めることはないからだ。

【教育】

教育政策の目玉は二つである。一つは、州立大学など公共の高等教育機関の授業料の無料化である。お金がなくとも、能力があって努力する若者すべてが、大学レベルあるいは専門学校レベルで学べるようにしようとの提案である。二つ目が、学生または学生時代の学費のローンの帳消しである。アメリカの大学の授業料は高い。親がよほど裕福か、あるいは特別に優秀で奨学金をもらえるような学生以外は、多くが借金をして勉強をする。ゆえに、卒業時にはかなりの負債を抱える若者が多い。

２０１９年のデータでは、アメリカで借金を抱えている人々の総数は４０００万人以上になり、総額は1兆7000億ドルである。現在、新型コロナ対策で最前線に立っているような医学部卒業生の場合、卒業時の平均債務は20万ドルを超えている。日本円で2000万円を超える借金を背負って、社会人生活を始めるわけである。比較的収入の高い医師とはいえ、大きな負担になるだろう。

アメリカでは、1980年代までは最終学歴が高卒でも、家を買い、子どもを育て、大学まで行かせることができた。それがアメリカンドリームと呼ばれ、世界から羨ましがられた。その厚い中間層が、アメリカ経済や社会の強みだった。しかし2000年から2015年の間に国内で6万カ所の工場がなくなり、労働者階級が中間層になるのが難しくなった。家庭にお金がないため、大学生は多額の借金をしなければならなくなった。学生の借金の額は年々膨れ上がっている。

サンダースは、授業料の無料化と負債の帳消しにより、国の未来である若者をサポートする必要を訴えている。

【貿易】

サンダースは、オバマの推進したTPP（環太平洋パートナーシップ）協定に反対したし、民主・共和の両党の歴代の大統領が交渉したNAFTA（北アメリカ自由貿易協定）にも反対した。こうした協定は、自由貿易を推し進めようという内容である。なぜなら、自由貿易が賃金の高いアメリカから賃金の安いメキシコや中国への工場の移転をもたらしたからだ。

自由にアメリカに製品を輸出できるのであれば、賃金の安い国で生産する方が生産コストが低くなるため、企業にとっては合理的である。しかしその結果、アメリカでは産業が空洞化し、労働者が失業した。アメリカの労働者の雇用を守るために、サンダースは自由貿易に反対している。

【環境・エネルギー】

サンダースの認識は、気候変動は一刻の猶予も許さないほど緊急の課題であり、根本的な対応が求められる。サンダースが提案するのは、「グリーン・ニューディール」という新しいエネルギー政策である。これは、下院議員のアレクサンドリア・オカシオ＝

コルテスが提案し、サンダースが同調したものである。

グリーン・ニューディールは、石油、石炭、天然ガスなど既存の化石燃料への依存から脱却し、再生可能エネルギーに切り替える政策だ。膨大な研究開発投資を再生可能エネルギー技術に投下し、新しい技術を開発して雇用を創出する。批判の強いフラッキングによるシェール・エネルギー生産も停止の対象となる。アメリカのエネルギー政策の方向を、根本的に変えようとの大胆な提案である。

グリーン・ニューディールという命名も意味深い。ニューディールとは、1930年代にフランクリン・D・ルーズベルト大統領の掲げたスローガンだ。「新規まき直し」という訳語が当てられている。ルーズベルトは、世界恐慌中の1933年に大統領に就任し、第二次世界大戦でナチス・ドイツが降伏する前月である1945年4月に在任中に死去した。大不況を克服し、アメリカを第二次世界大戦の勝利に導いたルーズベルトは、史上もっとも評価の高い大統領の一人である。そして重要なのは、この人物は民主党員であった。

サンダースは、国民に人気のあるルーズベルトのスローガンを想起させて、民主党が労働者と共にあったという事実に言及したわけだ。そして偉大な大統領のスローガンを引用して、グリーン・ニューディールが反アメリカ的ではないと訴えている。ルーズベルトが大胆なニューディール政策で不況からアメリカを救ったように、グリーン・ニューディールで気候変動の危機から世界を救おうと主張している。そしていま、新型コロナウイルスのパンデミックによる失業者の増大を受けて、グリーン・ニューディールは新たな説得力を持つようになった。

ちなみに、ルーズベルトはさまざまな進歩的な改革を提案したが、共和党の反対ですべて思うように実行できたわけではない。

しかしその後、「ニューディーラー」と呼ばれたルーズベルトの政策を支えた人々に、思い通りに政策を実行する機会が与えられた。それが第二次世界大戦後のアメリカ占領下の日本であった。ここでは共和党の反対など存在せず、ニューディーラーたちは存分に腕を振るった。日本における労働改革など進歩的な政策のルーツは、ルーズベルトのニューディールにある。

【外交】

サンダースは、アメリカの「永遠の戦争」に反対している。つまり警察官として世界中で戦争を続ける政策に批判的である。また、中国に関しては、ウイグル人の人権の蹂躙、香港における民主主義の後退などに対して、声を上げるべきだとサンダースは主張する。アメリカが人権を擁護する姿勢を鮮明にして、同盟諸国とともに人権を蹂躙するコストを、中国の指導部に知らしめるべきだと考えている。

北朝鮮に関しては、部分的な非核化に対して部分的な制裁の解除で応じる。朝鮮戦争を終わらせる。そして、究極的な北朝鮮の非核化をめざすとしている。その過程での韓国との密接な協力を強調する。

こうしてみると、サンダースの掲げる「社会主義的な」政策の内実は、よく誤解されるが、ソ連や中国の一党独裁政治とは全く異なることがわかる。サンダースがめざすのは、西欧や北欧の福祉国家が採用している「民主社会主義」である。医療や教育を誰もが低価格、あるいは無料で受けられる社会のことである。環境保護や気候変動対策を優先する社会である。ヨーロッパの多くの国では、サンダースの政策を「過激な社会主義者」と非難する人は少ないだろう。

とはいえ、サンダースの一連の改革提案は、社会主義的であると保守層から激しい批判にさらされてきた。アメリカでは長い間、ソ連との激しい冷戦を争った経験もあって、共産主義や社会主義は否定的なニュアンスの言葉であった。

だがサンダースに言わせれば、アメリカは既に社会主義の国家である。しかし、「アメリカの社会主義」では、政府は金持ちや大企業しか救わない。その一番の例がリーマン・ショックであった。政府が介入して大銀行を救った。アメリカは金持ちに対してだけ社会主義的で、貧乏人には資本主義の一番冷酷な面を突き付けている。それがサンダースの反論である。

大統領候補者としてイスラエルを批判

サンダースは、2016年の民主党予備選でヒラリー・クリントンに挑んだ。当時は外交に関して多くを語る候補者ではなかったが、外交問題に関する発言で注目された場面があった。それは、2016年4月のヒラリーとサンダースの討論会であった。

サンダースは、2014年のイスラエルのガザ地区への侵攻を、こう批判した。ガザはイスラエルの南に接するパレスチナ人の自治地域である。「自分はイスラエルを百パーセント支持している。イスラエルには、テロ攻撃を受けた場合には自衛の権利がある。しかしガザでの行為は誰に聞いても過剰防衛だろう。何千人もの人々の殺傷は正当化されない」。そして最後に「長期的に中東で平和を確立するためには、パレスチナ人を敬意をもって扱う必要がある」と結んだ。

サンダースは民主党の大統領候補指名を争う政治家である。そのサンダースが、全米に生中継された討論会でイスラエルを批判したわけだ。

これほどの大物の政治家が、これほどの大舞台で、これほど率直にイスラエルの政策を批判した。中東とアメリカ外交を専門としてきた筆者としては、衝撃的な発言であった。内容は当たり前のことを言っているのだが、アメリカの政治では当たり前のことを口にするのが、それまで当たり前ではなかったからだ。この発言は、どこから出てきたのだろうか。サンダース自身はユダヤ系である。しかも若いころイスラエルのキブツ（共同農場）で働いた経験もある。したがって中東情勢に関して、それなりの見識もあるだろう。

サンダースは、長年の議員生活を通じて外交問題に関して積極的な発言で知られた人物ではなかった。それだけに、この発言には唐突感があった。以前から温めていた思想が、突発的に口をついて出たのか。あるいは、計算ずくの発言であったのか。計算づくであったとすれば、どういう計算だったのか。一つ押さえておきたいのは次の事実である。つまりアメリカのユダヤ人の間で、イスラエルの政策に批判的な意見が強まっている。イスラエルそのものは支持しているのだが、その占領政策は支持できない。パレスチナ人の人権の蹂躙に対しては批判的である。そうした層が増えている。

次のグラフをご覧いただきたい。２０２０年2月にアメリカのユダヤ系の団体が公表した数値である。これは、最新のアメリカのユダヤ人に対する世論調査の結果である。

グラフが示すように、圧倒的多数がイスラエルを支持している。ただしイスラエル政府の政策に関しては、過半数が批判的である。数百万人とされるユダヤ系アメリカ人の

図6　ユダヤ系アメリカ人のイスラエル支持率

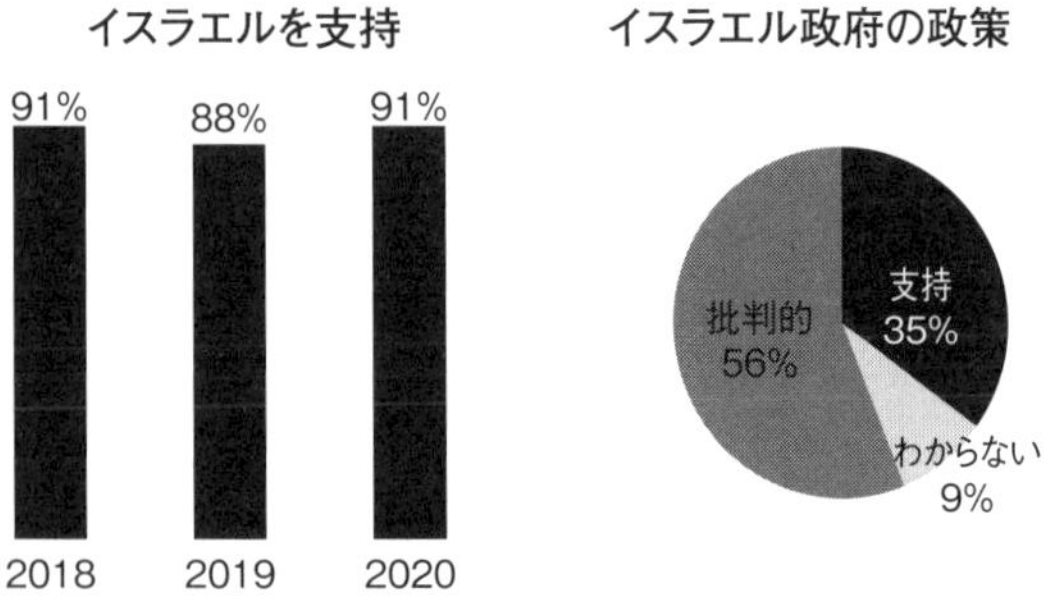

出所:Jewish Electorare Institute

多くは、イスラエルを支持しつつも、その占領政策に批判的である。ユダヤ系のサンダースは、その一人である。イスラエルを愛すればこそ、イスラエルを批判して和平を実現させたい。もしイスラエルの世論が分断されて和平への動きがないのなら、アメリカが外から圧力をかけるのもやむを得ないという発想である。

変わるアメリカのユダヤ人

そうした、アメリカのユダヤ人の変化を象徴する団体が、Ｊストリートである。２００８年４月に発足したＪストリートは、イスラエル支持をうたいながらも、イスラエルの占領政策に批判的である。以下に、その広報担当者のローガン・ベイロフ氏とのインタビューを紹介したい。

Q：変わった組織名ですね。由来は何でしょうか？

A：ワシントンDCの通りは格子状に数字と文字の名前がついています。南北軸では文字が使われますが〝J〟の文字はスキップされ〝I〟ストリートの次は〝K〟ストリートです。ワシントンのいわゆる「声なき声」を代表しようと、存在しないJストリートを組織名にしたのです。

〝J〟はユダヤ人（Jewish）の頭文字だから〝J〟を使ったと思われがちですがそうではありません。イスラエルを支持し、しかも和平を支持する視点、二国家解決案による外交的解決、パレスチナ占領の終結という公正な解決という視点がワシントンでは聞こえません。その無視されている声を私たちは届けるのです。

Q：2008年に創設して10年になるそうですが、現在の規模は？

A：現在のスタッフ数は70人です。オフィスはワシントン、ニューヨーク、ロサンゼルス、シカゴなどにあります。また、イスラエルにもあります。創設者の自宅の地下室で少人数からスタートしましたが、10年間で組織は大きく成長し、現在の年間予算は約1000万ドルです。イスラエル関連のロビー団体の中でも、政治活動の規模は最大級です。

Q：イスラエルでは入植活動が進み、二国家解決案の可能性は日増しに暗くなっています。焦燥感はありますか？

A：あります。私たちの目的は、この問題についてアメリカ国内で議論し、変化を生むことです。声なき声と言いましたが、ここ10年間の選挙の世論調査を見る限り、アメリカのユダヤ人の80％が二国家解決案を支持しています。多くはリベラルでイスラエルを支持していますが、イスラエル政府の入植地拡大には反対です。

しかしこの声は政治家たちに届かず、パレスチナ人への譲歩を拒否し、二国家解決案に反対する少数の右派の声だけが取り上げられます。その声はユダヤ人社会を代表していません。そしてアメリカ政府を非生産的な役割に誘導し、和平に悪影響をもたらしました。

Jストリートは、この10年で民主党の下院議員の半数以上の支持を得ました。上院でも有力な議員たちとの関係を強めてきました。この成果を誇りに思います。しかし、同じ時期にイスラエルの政治がさらに右傾化してきました。

Jストリートの発足以来、ずっと首相の座にいたのはネタニヤフです。首相自身も政権も右傾化を強め入植地を急速に拡大し、占領政策を強めています。自国の民主主義を掘り崩し、ヨルダン川西岸地区の一方的な併合さえ目論んでいます。今やトランプ政権の支持も得ています。

右傾化したアメリカ政府は実に破壊的です。イスラエルとパレスチナでは、二国家解決案支持が依然として多数でしょう。それが双方に利をもたらす唯一の解決案だからです。米国と国際社会が強い指導力で圧力をかけて、現在の路線の危険性を自覚させる必要があります。

Q：米国のユダヤ人社会は変化していますか？

A：長い間、ユダヤ人社会は変わらないままできました。この30年ほどは、おおむね民主党支持で75％ほどが民主党に投票してきました。この構図は変わりません。広い意味でリベラル派で、投票パターンはヒスパニックやアフリカ系の人々と似ています。

アメリカのユダヤ人に、最も大きな関心事について質問すると、普通は他のアメリカ国民と同じで、イスラエルよりも、経済、気候変動、移民、女性の権利などです。それでも、比較的若い世代はイスラエルの政策に懐疑的で、パレスチナ人の権利を意識するようになっています。ユダヤ人を代表すると考えられてきた主張には変化が見られています。その変化は右派に顕著です。

旧来の組織を牛耳っていた少数の富裕層の影響力が崩れてきました。Ｊストリートのような新しいグループが、より自分の考えに沿うように感じ、旧来の組織は多数派を代表しないと認識されるようになってきています。

「イスラエル支持で和平支持」とのJストリートのスローガンの垂れ幕のかかるワシントン郊外のシナゴーグ（筆者撮影）

次ページのグラフをご覧いただきたい。2016年にアメリカの民主党員の中で自らをリベラルと規定した層の調査結果である。この層に限って言えば、パレスチナ人に対する同情心が、イスラエルに対する同情心を上回るようになっている。

サンダースは、この層の票を取りに行ったとの解釈も可能だろうか。

サンダースの外交政策

それから4年後の2020年に、サンダースは外交を雄弁に語り始めた。イスラエルに対する批判は鋭さを増し、以下のような発言

図7　リベラルな民主党員数の推移

イスラエルとパレスチナ人の、どちらにより同情するか?

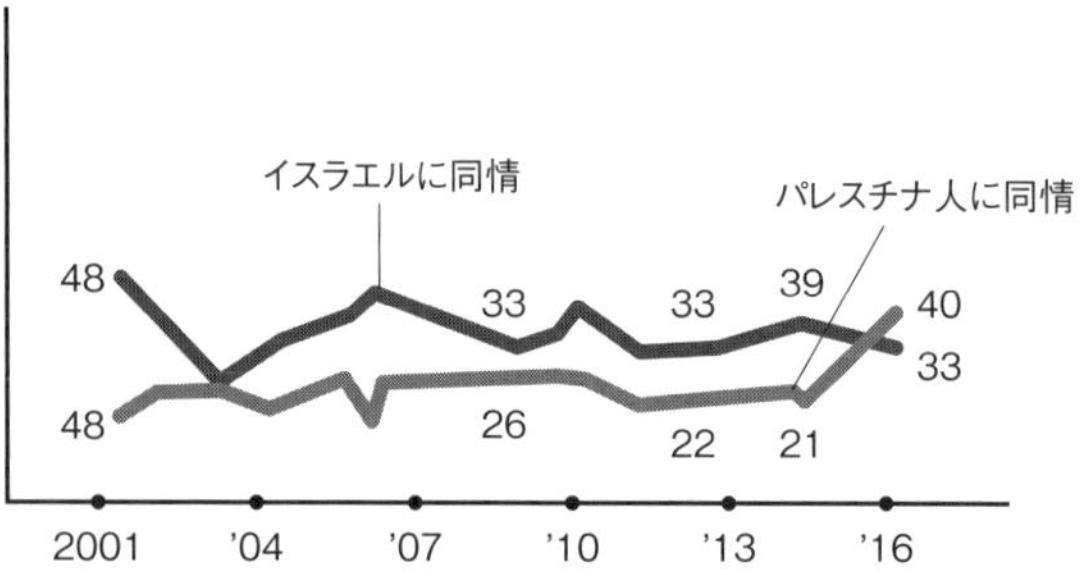

出所:ピュー研究所 2016年4月12日〜19日の調査

が続いた。「アメリカは親イスラエルであると同時に親パレスチナ人であるべきだ」、「エルサレムにあるアメリカ大使館のテルアビブへの再移転を検討する」、そして「ガザの若者の6割から7割が失業している」といった話が、サンダースの口からとどまることなく発せられた。

こうした、鋭さを増すイスラエル批判と共に注目されるのが、サウジアラビアに対する姿勢である。2018年末にサンダースなどが提案した決議が、民主・共和両党の議員の支持で上院を通過した。この決議は、アメリカ政府にサウジアラビアが進めるイエメン戦争への協力を停止するように求めている。両党の亀裂の厳しい中で、両党からの賛成多数で成立した決議である。この決議の成立と、トランプ大統領の拒否権の行使の経緯については2章で述べた通りである。

イスラエルやサウジアラビアに厳しい反面、イランに対しては柔軟である。2018年にトランプ政権は、一方的にイランとの合意から離脱して、経済制裁をイランに対して再開・強化した。これが、現在のイラン・アメリカ関係の緊張の直接の原因である。サンダースは、この合意に復帰し、経済制裁を撤廃すると述べている。また、新型コロナウイルスの感染拡大でイランは重大な被害を受けているので、人道的な見地からも直ちに制裁の停止を訴えている。こうして見ると、もしサンダースが大統領になっていた場合、控え目に見てもアメリカの外交政策は大きく変わっていただろう。

変わったものばかりではない。従来の流れを引き継いでいたであろう政策もある。中東への関与から身を引くというブッシュ政権末期からの流れである。オバマは、シリアへの本格的な参戦を避けたし、トランプはシリアから大半の兵力を撤退させた。アフガニスタンでも同様である。サンダースも同じように考えている。

こうして見ると11月の大統領選挙でトランプが勝とうが、サンダースの支持を受けるバイデンが勝とうが、アメリカが中東から引くという大きな流れは変わりそうもない。

3人の支持表明

これまで、トランプ、バイデン、サンダースの3人の政策を見た。トランプに挑むバイデンは、勝つために何をすべきだろうか。第一に資金集めである。トランプは選挙用に総額200億円を超える莫大な資金を既に集めている。バイデンもそれに対抗するほどの選挙資金が必要である。そしてより重要なのは、繰り返し述べるように、サンダース支持派の取り込みである。それができなければ、4年前のヒラリーの過ちを繰り返す羽目になる。

バイデン自身も、それは良く理解しているようである。まずサンダースの支持者に対しては、「若者の声が自分には聞こえた、その声に応えたい」と訴えた。そして4月13日に、サンダースがバイデン支持を表明した。サンダースが候補者指名の選挙からの離脱を表明してから、わずか5日後の支持表明だった。これは早かった。前回は民主党の候補者がヒラリーに決まってから、36日後にようやく支持声明を出している。サンダースによる今回のバイデン支持声明は、おざなりではなく、本当に強くバイデンを応援したいという口調だった。民主党側は、分裂がトランプを生んだと強く意識している。2016年は、どう転んでもヒラリーが勝つだろうとの慢心があったのとは、大きな違いである。

その翌日の4月14日に、やっとオバマがバイデン支持を表明した。ある意味でバイデンが、2016年から4年間も待ち続けたオバマの支持表明だった。

さらにその翌日に、サンダースとオバマに続く3人目の重要な人物からの支持声明があった。ウォーレン上院議員が、バイデン支持を表明したのだ。そして、もし頼まれれば副大統領候補への立候補を受けるかとのメディアの問いかけに、同上院議員は「イエス」と答えた。政策的にはサンダースと同じような立ち位置にいながら、自らの指名獲得を諦めた後もサンダースの支持を表明しなかったのが、ここで計算通りに活きてきたのだろうか。バイデンは、すでに触れたように女性を副大統領候補に指名すると公約している。どの女性を選ぶのか。その決断が注目される。筆者個人は、オバマ前大統領夫人のミシェルのような驚きの選択も考慮されるべきだとは思うのだが。

また先述したユダヤ系アメリカ人組織のJストリートが、バイデン支持を表明した。Jストリートとしては、主張の近いサンダースの方を支持したかったのだろうが、こうなってはバイデン支持しか選択肢がなかった。何よりもトランプを、ホワイトハウスから追い払うのが至上命題だからだ。

新型コロナウイルスがもたらした四つの変化

2020年の大統領選挙のスケジュールは、新型コロナウイルスの拡大と同時並行で進行している。ちょうどバイデンが民主党の候補者として決まった頃から、ウイルスの感染が全米に広がった。状況の悪化を受けて、3月中旬にトランプ大統領が国家非常事態宣言を発令した。そして感染拡大を追うように失業者が増加した。3月中旬からの1カ月で、少なくとも2200万人が失業した。前例のない雇用の崩壊である。1920年代末からの大恐慌の時期と比べても、5倍のスピードで失業者が増えているとメディ

ア は伝えている。

新型コロナウイルスによる被害の広がりは、少なくとも四つの政治的な変化をもたらした。第一は、被害の甚大なニューヨーク州のアンドリュー・クオモ知事を英雄にした。先頭に立ってパンデミックと闘う知事の姿は、多くの人々を勇気付けた。知事は民主党員である。この人物こそ、民主党の大統領候補者に相応しいという声が高まった。逆に言うと、クオモ人気はバイデンという人物にカリスマ性が足りない反映かもしれない。

このクオモ知事の動向が気にかかる。バイデンにもしもの事があった場合には、クオモ・コールの音量が更に高まるだろう。少なくとも、2024年の大統領選挙の有力候補として浮上したのは確実である。

第二の変化は、米中関係のさらなる混迷である。トランプ大統領としては、再選のためには中国叩きしか手がなくなった。新型コロナウイルス騒ぎの前なら、トランプは経済の好調さで選挙が闘えた。格差の問題があるとはいえ、株価は上昇していたし、失業率は歴史的な低さであった。

しかしパンデミックによって株価は落ち込み、労働市場は崩壊した。経済では選挙に勝てなくなった。しかも新型コロナウイルス対応が遅かった。それゆえ現在の惨状があると批判されている。この批判もかわさなければならない。

ではどうするのか。もちろん中国叩きである。トランプは次のように主張する。つまり、中国がウイルス発生に関する情報を秘匿していたのが、現在の惨状の原因である。自分の政権の対応のミスではない。そして中国を叩きつつ、同時に中国に甘い政策を取ったオバマ政権を批判する。自分の前任者に責任を押し付けるわけだ。オバマ政権の責任であるならば、その副大統領であったバイデン候補も当然ながら責任を負わねばならない。その「論理」で選挙を闘うしか、方策はないだろう。

逆にバイデンは、トランプが中国との貿易交渉の妥結を急ぐ余り、ウイルスの問題を過小評価してきたと批判している。アメリカの諜報機関は、２０１９年11月の段階で、武漢で新型コロナウイルスが発生しているとの警告をホワイトハウスに上げていた。にもかかわらずトランプはそれを無視して時間を無駄にし、現在の惨状を招いた。すでにバイデン側はこうした主張の映像をＳＮＳ上で流している。

新型コロナウイルスの感染拡大の影で、２０２０年11月の投票日まで激しい論戦が展開されるだろう。どちらの陣営も、中国を叩きながら相手を攻撃するという手法を取りそうである。米中関係は、ますます厳しい段階に入るだろう。

第三の変化は、感染の拡大がサンダースの民主党予備選からの撤退のひとつの要因となったことである。これは先に述べたようにサンダース自身が撤退のスピーチでも語っている。集会を開いて支持の広がりを訴える、サンダースを支えた手法が使えなくなったということもある。

最後の四つ目の変化は、このパンデミックによってサンダースの主張が、さらに説得力を増したことである。感染拡大の中で、サンダースの訴えてきた国民皆保険制度を再評価する声が高まっている。すべてのアメリカ人に医療が行き届かなければ、パンデミックは終息しないとの見方が支持されるようになってきた。

雇用されていた労働者は企業の医療保険に守られており、必ずしもサンダースの訴えに賛同していたわけではなかった。だがパンデミックの影響で失業者が増え、企業の医療保険の保護を受けられない層が激増している。サンダースの国民皆保険の訴えは、それだけ多くの支持者を集めるだろう。

また、いくら金持ちだけが新型コロナウイルスの脅威から逃れたとしても、貧しい人々が感染している限り脅威は続く。すべての人々を医療保険でカバーする必要がある。この状況を前に、アメリカでもさすがに新型コロナウイルスがらみの治療費を無料化する動きが進んでいる。これは社会主義的な政策ではないだろうか。パンデミックの脅威を前にして、社会主義的な政策を皆が支持するならば、普段でも同様な政策を支持して何の不都合があるだろうか。

この感染の犠牲になる割合も、白人よりもアフリカ系やヒスパニックの方が、はるかに高い。たとえばルイジアナ州では、黒人人口の割合は32%だが、新型コロナウイルスによる死者のうち黒人の占める割合は70%だ。そのようなことが各地で起きている。

そもそも平常時からこうした少数派の人々の方が、白人よりも平均寿命が短い。高血圧や心臓疾患などに苦しんでいる率が高い。保険がないので病気になっても医者にかかれない者が多い。住んでいる環境も悪い。空気や水が汚れている場合が多いし、近くに公園などのスペースが少ない。住居は狭く、ウイルス対策で社会的な距離を取れと言われても難しい。現場に行かなければ仕事にならない職種では、マイノリティの比率が高い。職場には公共交通機関を利用して通っている。社会の根幹を担いながらも、必ずしも普段は評価されない人々の感染のリスクが高いわけだ。

貧しい人々の多く住む地域で感染者が多く、死者が多い。郵便番号が人生を決める。つまり、どこに住んでいるかで、人生が決まるという格差の構造を、新型コロナウイルスの感染拡大が浮き彫りにした。それが、サンダースが是正を求め闘い続けてきた、格差の構造である。

第4章　民主社会主義者の原点

ナチスの影で

バーニー・サンダースとは何者か。その生涯をたどることで、このようなユニークな政治家がなぜ誕生したかを紐解いてみたい。

サンダースは、1941年9月8日にニューヨーク市のブルックリンに生まれた。父はポーランドからのユダヤ人移民で、母はニューヨーク生まれのユダヤ人だった。両親と6歳年長の兄のラリー、そしてサンダースという4人家族だった。ポーランド生まれの父は、17歳のときにアメリカに移住した。英語はしゃべれなかったし、ポケットには硬貨一枚なかったそうだ。母と結婚し、ペンキの販売員の仕事をしていた。

サンダースの父方の祖父母は、ポーランドでナチスに虐殺されている。ニューヨークのユダヤ人コミュニティで育ち、多くの親類が占領下のポーランドで犠牲になった幼いサンダースにとって、第二次世界大戦やナチス・ドイツをめぐる話や記憶は、その考え方や方向性に大きな影響を与えている。

本人が記憶しているのは、4歳の時に第二次世界大戦の戦勝パレードを見たことだ。

終戦直後には、夜中に電話が鳴り、ポーランドの従兄弟が生きていることを伝えてきたことも覚えている。また、1948年にユダヤ人の祖国としてイスラエルが建国された時は、ユダヤ人コミュニティが喜びに沸いたという。

サンダースの一家は、食べるものがないという状態ではなかったが、余分なものを買う余裕はまったくなかった。両親はよくお金のことで喧嘩していたという。住んでいた家は低所得者向けの賃貸住宅で、子供部屋はなく、サンダースは兄のラリーとともにリビングのソファーで寝ていた。サンダースが読書好きになったのは、兄によるところが大きい。幼いサンダースに兄が読み聞かせをしていたことで、小学生の頃から図書館で本を借りてむさぼるように読んでいた。母の夢は一軒家への引っ越しだったが、早くに亡くなったので、その夢はかなわなかった。こうした幼少期が、貧しい人々のための政治へとサンダースを推し進める出発点となった。

サンダースが政治意識を持つようになったのも、兄の影響だ。大学時代に民主党の選挙キャンペーンを手伝っていたこともあるラリーは、社会福祉関係の仕事を経て、現在はイギリスのオックスフォードで、緑の党のスタッフとして働いている。サンダースの両親は民主党に投票していたが、それはユダヤ人コミュニティが伝統的に民主党を支持してきたからであり、政治への関心は高くはなかったという。

サンダースは、幼い頃から所得と階級の違いを意識するようになった。子供の野球用グローブ、親の自動車の車種、住宅のグレードの違いなどから、周囲の人々の貧富の差が明らかだったからだ。サンダースは小学校から高校まで、地元の公立校に通った。小学校でサンダースと仲の良かった友人たちは低所得者向けの賃貸住宅に住んでいたが、中間層は一戸建てに住んでいた。

小学校では、授業よりも子供たち同士のつきあいからより多くを学んだ。子供たち自身で話し合い、ルールを決めて遊ぶことが多かったので、他人を尊重する民主主義的なコミュニティができていったという。都市部で育ったサンダースが自然を愛するようになったきっかけは、小学校から高校まで所属していたボーイスカウトの経験からだ。ハイキングやキャンプ、湖で泳ぐといった体験が、のちに自然豊かなバーモント州で暮らすようになる原点となった。

高校の生徒会選挙で戦災孤児受け入れを公約に

サンダースは、ブルックリンの公立高校であるジェームズ・マディソン高校に進学した。当時から、数学や理科よりも社会の方が得意だった。

彼は高校最後の年に、生徒会長に立候補した。そのときの公約は、なんと韓国の戦災孤児を学校に受け入れるというものだった。生徒会の選挙には勝てなかったが、公約は実現され、高校で孤児を受け入れることになったという。大統領選と同じようなことを、高校時代から既にやっていたわけだ。

スポーツでは、はじめバスケットボール部に入ったが、チームは強豪で試合に出ることができないまま退部した。失意のうちに入ったクロスカントリー部で力をつけると、好タイムを連発するようになった。トレーニングはつらかったが、つらくてもコツコツ続ければ効果が現れると実感したことが、のちの政治家としての人生にも影響を与えることになったという。もちろん自然の中を走り回って鍛えた体力も、十分に役だっただろう。

筆者は、2019年にサンダースの出身高校であるジェームズ・マディソン高校を訪れた。驚いたのは、この1925年創立の「普通」の公立高校の卒業生には、信じられないくらいの多くの著名人がいることである。

サンダース以外の政治家では、ニューヨーク州選出の上院議員であるチャック・シューマーがいる。シューマーは上院の民主党の院内総務、つまりトップである。法律の世界ではアメリカ連邦最高裁のルース・ベイダー・ギンスバーグ判事がいる。リベラルな女性判事で、すでに87歳になるがいまも現役だ。頭文字をとった「RBG」の愛称で知られ、コーチの指導を受けながら、筋力トレーニングをする姿がよく報道される。最近、この人物に関する映画が2本続けて公開された。

音楽の世界では、キャロル・キングがいる。本名キャロル・クラインである。シンガー・ソングライターで、「君の友達（You've Got a Friend）」など数々のヒット曲で知られる。ちなみにキャロル・キングは、2016年の大統領選挙では、同窓生のサンダースではなく同性のヒラリー・クリントンを応援している。

他にもノーベル賞の受賞者もいる。これだけの著名人を輩出している高校は少ないだろう。しかも普通の公立高校である。ジョディ・コーエン校長先生に理由を尋ねた。校長先生はインタビュー慣れしているのであろう。滑らかに、「優秀な教員と共に全力で教育に当たっている」という旨の教科書的な答えが返ってきた。

筆者の推測は、この高校がユダヤ系移民の学校だったからというものである。実は大半の著名人の共通点は、ユダヤ系移民の2世である。ユダヤ系のヨーロッパからの移民がブルックリンで生活し、その子供たちが猛烈に勉強して社会に進出した。勉強を貴ぶ文化のユダヤ人の頑張りの成果である。移民が、いかに社会に活力を与えるかを象徴する高校である。

高校時代のバーニー・サンダース。ジェームズ・マディソン高校の卒業アルバムから（筆者撮影）

この高校の壁には、有名な卒業生の一覧が飾ってある。眺めていると、日本文学研究で著名なドナルド・キーンもいた。日本に帰化し、最近亡くなられた。キーンはユダヤ系ではない。取材を終えて門を出ると、高校生たちが立ち話をしている。声をかけると、ウズベキスタンから来たと話してくれた。この新しい移民たちが、努力をして社会に出るというジェームズ・マディソン高校の伝統を引き継ぐのだろうか。

「I Have a Dream」の後継者

サンダースが19歳の時、母が亡くなった。それをきっかけにブルックリンから離れ、シカゴ大学に入学した。サンダースに新しい世界が開かれた。シカゴ大学は中西部では最難関のエリート大学である。数々のノーベル賞受賞者を輩出している。また、若き日のオバマが、この大学のロー・スクールで教鞭をとっている。

サンダースの母はニューヨークで育ち、最終学歴は高卒だったが、大学に進むことは大切だと応援してくれていた。しかし父は、ポーランドの高校を中退して移民となり、働きづめの人生を送った。大恐慌のことも生々しく記憶していたので、息子たちには大学で4年を重ねるよりも、堅実な仕事についてほしいと願っていた。また、ブルックリンの友人や近所の人たちもみな、高校を卒業して働き始めるのが当たり前と考えていた。シカゴ大学では、同級生の親はみな大卒で、大学に行くのが当たり前という価値観でとまどいもあったという。こうして見るとジェームズ・マディソン高校を卒業して著名になった方々は、やはり少数派だったのだろうか。

学費と生活費は、学生ローンと奨学金、アルバイトなどでまかなった。大学の授業では、特に歴史学に興味を持った。今まで知らなかったアメリカの歴史について学び、アメリカが常に正しい側にいるわけではないことに気づいたという。しかし大学でも、これまでと同様に講義室の外で学んだことの方が多かった。シカゴ大学にはアメリカでも有数の図書館があり、本に埋もれて過ごした。

また、平和や人権をテーマとした、さまざまな団体の活動にも参加した。当時は黒人への激しい差別と、それに対する公民権運動が盛んだった時代である。1960年代の大学での問題の一つは、大学が所有するアパートを黒人学生に貸さないことだった。問題を公にするため、サンダースの入っていたグループはこんなことを思いついた。まず入居を希望する黒人学生のカップルが、大学の不動産を管理している部門に相談に行く。すると、「黒人だから貸さない」とは言わないが、「部屋はいっぱい」と断られる。次に白人学生のカップルが相談に行く。すると同じ建物にすぐ入居できることがわかる。そこでサンダースたちが出ていって、それは差別ではないかと訴え、黒人学生のカップルが部屋を借りる権利を勝ち取っていた。

筆者も、ひと夏をシカゴ大学のサマー・スクールで過ごした経験がある。素晴らしい図書館に感激したのを覚えている。シカゴ大学の周辺は、黒人と白人のカップルが居住できる地域として有名だった。こういう環境に住めば、人種問題には自然に敏感になるだろう。

サンダースは、黒人の権利を求める公民権運動に関わる過程で逮捕されている。シカゴでは、公立の学校で白人と黒人とは別々に学ばされていた。白人の学校は設備も良く児童も少なかったが、黒人は入学させなかった。黒人の学校には児童があふれ、プレハブを建てて劣悪な環境で学ばされた。そうした動きに反対する抗議活動に参加した際に、サンダースは逮捕された。彼は白人だが、身元引き受け人となったのは、全米黒人地位向上協会（ＮＡＡＣＰ）だったという。

１９６３年８月にはワシントン大行進に参加し、マーティン・ルーサー・キング牧師の有名な演説、「I Have a Dream（私には夢がある）」を聞いた。人種差別のない社会が来るという夢があるという感動的な演説である。

サンダースがもっとも共感したのは、キング牧師が黒人の公民権運動のリーダーというだけでなく、ベトナム戦争への反対や貧困問題など、社会全体のことを変えようと行動していた点にあった。キング牧師のメッセージは、現在の彼の仕事を支えるベースにもなっているという。

バーモント州の土地柄

サンダースは、１９６４年に政治学の学位を取ってシカゴ大学を卒業した。その年に父親を亡くしている。バーモント州に出入りするようになったのも、この頃からだ。

バーモント州はカナダ国境に接していて、現在の人口は62万人ほど。全米の人口規模では2番目に小さい。山々や湖に囲まれた風光明媚な場所で、特に全米で6番目の大きさのシャンプレーン湖は、住民の憩いの場所となっている。有名な話としては、映画やミュージカルなどで知られる『サウンド・オブ・ミュージック』のモデルとなったトラップ一家が、アルプスを越えた後に移民したのが、このバーモント州だった。

日本ではなぜか、バーモントというとリンゴとハチミツの甘いカレーの本場にされてしまっている。カレーの産地とされていると知ったら、バーモント州民もびっくりするだろう。この州の特産品として知られているのは、カレーではなくメープル・シロップである。その生産量はアメリカ最大という。次に「ベン&ジェリーズ」というブランドのアイスクリームである。この会社の経営陣はなかなか進歩的で、イラン核合意を支持する運動をしたり、投票率の引き上げのために投票した有権者にアイスクリームを無料で配ったりと、アイスクリームに負けないくらいに、なかなか味のある経営をしている。なお日本にも進出していたが、２０２０年3月に撤退した。

全米に知られるバーモント名物と言えば、メープル・シロップ、アイスクリーム、そしてバーニー・サンダースである。１９６０年代から70年代にかけて、都会の喧噪や公害を嫌ってニューヨークからバーモント州に移住する人々が増加した。美しい自然が残るバーモント州の環境を大切にしたいと考える人々の中に、若きサンダースもいた。

バーモントは風光明媚な地だが、同時に実は北米でも恐らく一番魅力的な都市の郊外でもある。カナダ国境を越えれば、そこはフランス語圏のケベック州だ。同州最大の都市モントリオールまで、バーリントンから2時間もドライブすれば着いてしまう。ここには大学もコンサートホールも博物館も大都市にある機能はすべて揃っている。しかもフランス系なので、北米では珍しく食事も美味しい。通常なら両国間の行き来は、ほぼ自由である。

この〝カナダに近い〟という点が重要である。カナダには国民皆保険制度があり、同じ薬でもカナダの方が安く、犯罪率も低い。銃の乱射事件なども稀である。なぜカナダで可能なことが、アメリカではできないのだろうか。カナダ国境付近に住むアメリカ人の多くが抱く疑問である。

さてサンダースは、シカゴで出会ったデボラ・シリングと結婚、父親の遺産である2500ドルでバーモントの田舎に小さな小屋を買った。電気も水もない小屋での暮らしは、小川を風呂代わりにするなど刺激的ではあったが、定住することが前提の生活ではなかった。

実際、その間に夫婦で欧州を旅したこともある。当時のサンダースが特に興味を持ったのは、しばらく過ごすことになったイスラエルのキブツ（共同農場）だ。キブツは、社会主義思想の影響を受けてできた共同農場で、多くのキブツでは諸外国から来た若者たちを受け入れ、ともに農場で働きながらコミュニティをつくった。私有財産権を持たず、住んでいる人たちが対等にオーナーとなって、代表は選挙で選ばれる。サンダースは、民主主義というのは、このように皆で参加してつくりあげていくものだと実感したという。

サンダースの働いていたキブツは、イスラエル北部の港町ハイファの近くにあった。当時は政治的にはソ連支持の住民が多かったようだ。そもそもキブツは共産主義的な団体なので、社会主義的である。現在では、このキブツはメレツ支持で知られている。メレツとは、パレスチナ人との共存を訴えるイスラエルでも最もハト派の政党である。

変わり者の泡沫候補

アメリカに戻ったサンダースは、1966年にデボラと離婚し、68年から当時の交際相手とともにバーモント州に定住して息子をもうける。69年には、バーモントの北東にある住民200人程度の小さな町に引っ越した。そこは郵便局もスーパーもない貧困地域だった。カナダ国境に接するバーモントは雪が多いが、舗装された道がなく、雪が降るとどこにも行けなくなった。しかし、そのコミュニティでは人々が支えあって暮らしていた。サンダースは、その土地での暮らしから人は孤立しては生きていけないことを学んだという。

バーモントでは、税務署職員、大工、地元新聞の記者など、さまざまな仕事を転々としながら、バーモント州の知事選や上院議員選にも立候補するようになる。ただし、絶対に当選する可能性のない泡沫候補としてであった。

バーニー・サンダースが初めて選挙に出馬したのは、30歳の時だった。1972年1月の連邦上院議員選挙だ。民主党でも共和党でもなく、ごく小さな第三政党からの出馬だった。当時は、二大政党以外からの連邦議員は誰もいなかった。

サンダースの主張は、現在と同様、経済的、そして社会的に公正な社会の実現だった。ひと握りの権力者や企業がルールを決めて、大多数の普通に働く人々には何ら決定権がない。そうした世の中はおかしいのではないかと訴えて回った。候補者討論会では連邦議会の格差を示すデータを元に、二大政党の候補者を相手に堂々と議論し、聴衆からも支持された。そのような反応を受けて、サンダースは社会的公正を求める主張は「極端」でも「過激」でもなく、大多数の人が賛同できる主流の考え方であると確信する。

しかし、実際の投票では政策は重要視されなかった。サンダースは、討論会の後でよくこう言われたという。「バーニーさん、あなたの言うことには全く賛成だ。でもね、第三政党の候補者に投票して票を無駄にしたくはないのですよ」。それが多くの人々の本音でもあった。初めての選挙戦は、得票率2%で敗れた。それでも当時は共和党が圧倒的に強い保守的な州の有権者に、考えたこともない新しい視点を提示できただけでサンダースは満足だった。

同年11月にはバーモント州知事選に出馬し、得票率1%だった。しかし、サンダースの主張の一部は当選した民主党議員の政策に取り入れられ、その後実現することとなった。低所得者への負担を軽減する財産税改革と、低所得家庭の子供のための歯科医療サービスの改善だった。1974年には2度目の上院選挙で4%、76年には2度目の州知事選で6%の票を得た。第三政党の得票数としては健闘したが、勝利には程遠かった。

1976年の選挙を区切りに、サンダースはいったん政治活動を離れ、生活のために教育用映写スライド販売会社を設立している。バーモント州などのアメリカ北東部6州はニューイングランド地方と呼ばれる。主に、この地域の歴史についての映像教材をつくり、大学などに持ち込んで販売した。その過程で、多くの現場の教育者と触れ合い意見を交換した。これが、後のサンダースの教育政策にも活かされることになった。

サンダースはこの時期、自分が大きな影響を受けたアメリカ社会党の創始者、ユージン・ヴィクター・デブスの生涯を伝える30分の映像を制作している。19世紀後半から20世紀初頭にかけて活躍したデブスは、アメリカ鉄道労働組合を創設し、ストライキや労働運動を主導した人物だ。1918年には、第一次世界大戦に反対し、徴兵拒否を訴えたことなどで投獄された。だが、獄中から大統領選に出馬し100万票近くを得票している。生涯にわたり、大企業ではなく働く人々が国の経済や政治体制の中心を担うべきだと訴え続けたデブスは、サンダースにとってのヒーローだった。

市長選で起こした奇跡

映像制作と販売はビジネスとしてはそれなりにうまくいっていたが、1980年に再び転機を迎える。友人でバーモント大学教授のリチャード・シュガーマンに説得され、バーモント州最大の都市であるバーリントン市の市長選に出馬することになった。

データ分析を得意とするシュガーマンは、サンダースが最後に立候補した1976年の州知事選で、バーモント州全体での得票率は6%だったが、比較的リベラルなバーリントン市に限ると12%となり、さらに市内の労働者階級の地区の2つでは16%を超えていることを明らかにした。当時の人口が50万人を越えていたバーモント州ではなく、3万8000人ほどのバーリントン市だけに全力を注げば、勝てるかもしれないという推論を立てた。

バーリントン市庁舎（筆者撮影）

無所属で出馬することにしたサンダースは、草の根から支持を作り出すために、仲間とともにできる限り多くの家を訪問、バーリントンの人々の関心事に耳を傾け続けた。顕著だったのは、低所得者や労働者階級が暮らす地域の人々が、行政から公正に扱われていないという不満を持っていたことだ。また、家主に比べて借家人の権利がまったくないことも聞かされた。サンダースは、市政に無視された人々の代弁者になろうと決めた。

サンダースを支持したのは低所得者だけではない。住民の憩いの場であるシャンプレーン湖に沿って、高層マンションを建設する計画があった。これには、富裕層の一部も反対していた。バーリントンの環境を汚す開発計画に、サンダースは「Burlington is not for sale（バーリントンは売り物ではない）」をキャッチフレーズに強く反対した。それにより、湖畔の富裕層からの支持も得ることができた。

こうした政策には支持が集まったが、最大の課題は、自分の票が無駄になるのではないかとの有権者の懸念だった。多くの市民は、どうせ民主党か共和党の候補者が当選する。そうすれば自分の票が死に票になると心配していたわけだ。サンダースは、この疑問を打ち消す必要があった。

その際に心強い味方になってくれたのが、バーリントン巡査組合、つまり市の警察官の組合だった。同組合が選挙前日に支持を表明してくれた。巡査組合は給与や待遇をめぐって現市長との関係が悪化していた。サンダースは、もし市長になったら組合との真摯な労使協議を開始すると約束していた。各メディアはサンダースが完敗すると予想していたが、低所得者、労働組合員、借家人、大学生、環境活動家、そして警官へと、サンダース支持は徐々に広がっていった。

投開票日の1981年3月3日、サンダースは大方の予想を覆し、14票差で市長選に勝利した。あまりに接戦だったので2週間後に票の数え直しが行われた。サンダースの得票数は4票少なくなったが、まだ10票差でリードしていた。当選に間違いはなかった。サンダースは、二大政党に属さない全米でただ1人の市長となった。そして、ただ1人の社会主義者を自認する市長でもあった。それから3度の再選を果たし、89年まで市長の座を4期8年にわたり務めることになる。

サンダースの信条は、この頃から変わらない。一握りの金持ちや大企業の利益しか代表しない既存の政治を否定する。また、働く人々や低所得者、中間層などの大多数の人々の利益のために闘う。そして、これまで政治に関与してこなかった人々を政治プロセスに巻き込み、大きな運動を起こす。それによって政治を変えることである。

二大政党からの妨害対策

市長として、サンダースは何をしたのか。当選してまず慌ててやったことは、市長にふさわしい服を買いに行くことだった。持っていたのは、1着のコーデュロイのジャケットと数本のネクタイだけで、スーツがなかったからだ。

スーツの問題が片付くと、次の最大の問題は、二大政党に支配された議会の反対だった。市議会議員13名のうち、サンダースを支持しているのは、やはり二大政党に属していない2名だけだった。市議会で多数派を占める民主党（8名）は、共和党（3名）と組んで、サンダースが政策を何も実行できないように妨害した。バーリントン市長は多くの役職者の任命権を持っていた。しかしサンダースが指名した人選は、市議会によりすべて拒否された。また、その他の面でも市議会の反対で何も動かせなかった。

それに対抗するため、サンダースは市庁舎のドアを開放し、市政に関心を持つすべての人が参加できるさまざまなテーマの会を開催した。そしてその中から、たとえば若者、芸術、高齢者、医療、税制改革といったテーマ別に、市民の意見を反映する市長評議会が誕生した。こうした組織を、時間をかけて市の行政機構に組み込んでいった。

また、市議会の頭越しに市民に直接訴えようとした。ローカルテレビ局で、市長自らがマイクを持って市民にインタビューして回る番組を始めた。背広姿ではなく、スポーツウェアで市内各所を訪れた。トランプがメディアを操って大統領に当選したように、サンダースも若い頃から巧みにメディアを駆使してきた。

次の議会対策は、反対派議員の追い落としであった。つまり反対派の市議会議員を落選させて、支持者を議員にしようとした。二大政党に属さない政治グループを設立して、そのメンバーを市議会議員の選挙に立候補させたのだ。

82年の市議会選挙では、多数派を取ることはできなかったものの、新たに3人の候補者が当選した。これで市議会のサンダース派が5名となった。バーリントン市議会で拒否権を行使できる議員数になった。その結果、民主党と共和党の議員は何をするにもサンダース支持派と妥協するしかなくなった。

サンダース市長の改革

4期8年の市政の中で、サンダースはさまざまな政策を実施した。たとえば、先に触れたシャンプレーン湖沿いの高層マンション開発をストップさせた。また、湖沿いのゴミ埋め立て場を閉鎖し、湖周辺の美化計画を進めた。湖の周辺に公園や自転車道、ボートハウスなどを整備し、誰もが無料で自然の恩恵を受けられるようにした。現在は市民の憩いの場となっているし、夏場は観光客の訪れる場所でもある。

低所得者向けの公営住宅の整備、小規模事業者への支援、そして雇用の創出にも力を入れた。サンダースが市長のときに設立された住宅公社は、２０２０年現在は市の住宅の８％を管理している。そして、市の住宅を市場価格よりも安く賃貸に出したり販売したりしている。

また、困窮していた警察官の給与を生活できるレベルに上げ、人命救助部門に最新設備を導入した。さらに新型の除雪車を導入した。実は前の市長の時代に除雪が十分に行われなかったのが、市民の不満の種であった。雪の多い地域では除雪作業に失敗すると市長は、次の選挙で苦労する。

加えてサンダースがとりわけ力を入れたのは、若者や女性を支援するプログラムと、芸術・文化系の場づくりやイベントの開催だった。この時代に始まった無料の音楽コンサートやフェスティバルの数々は、今日まで続けられ市民に親しまれている。

バーリントンでは野球が人気である。かつてはバーリントンを本拠地とする野球のマイナーリーグのチームがあったのだが、市長就任当時には同市を去っていた。サンダースは、子供の頃に地元の人気野球チームであるブルックリン・ドジャースが、ロサンゼルスに移転したことでショックを受けている。スタジアムの老朽化と経営悪化がその理由だったが、地域の人たちが愛する球団がなくなった寂しさを共有していたはずだ。サンダースは市民と協力して、1983年にメジャーリーグ、シンシナティ・レッズ傘下のマイナーチームをバーリントンに誘致した。チームは市民の大歓迎を受けた。やがて、このチームから多数のメジャー・リーガーが生まれた。

サンダースの市長時代に残したものはいろいろあるが、そこから発展しているのが再生可能エネルギーへの取り組みだ。水力、風力、バイオマスなどの取り組みは、サンダースが市長を退任してからも受け継がれた。そして2014年には、バーリントン市は消費電力の100%を再生可能エネルギーで発電する全米最初の都市となっている。

全米で最も住みたい都市に育て上げる

バーリントンで長年サンダースを取材してきたジャーナリストのケヴィン・ケリーによれば、二大政党に属さないのに4度も市長に選ばれているのは、サンダースが有能な証だ。ケリーが言うように、サンダースは2期目に再選されて以降は圧勝だった。評価されたのは、地味ながら丁寧に行政をこなしたからだ。除雪では、後回しになりがちな低所得者層の地域に対しても公平に実行した。また、常に労働者側に立って住民への財産税の引き上げを抑えようともした。

ケリーは言う。

「華やかではありませんが、バーニーはいつも住民や労働者のために何が必要かを意識して市政を進めました。大げさなイデオロギーだけの人間ではありません。市長の本質的な仕事をしっかり押さえていたので、高い評価を受けたのです」

評価するのはケリーだけではない。1987年には、雑誌『USニュース&ワールドレポート』が、全米ベスト市長20人のうちのひとりにサンダースを選んだ。88年の全米市長会議では「人口10万人以下のもっとも活力のある都市」で、バーリントンが1位に選出されている。また80年代後半から、バーリントン市が全米の「住みやすい都市」や「住みたい都市」の上位にランクされるようになった。

サンダースの評価は、回を重ねるごとに増加する市長選の投票者数にも現れていた。低迷していた市長選の投票者数は、サンダースが登場してから倍以上になった。それまで自分とは関係のないものとして政治に期待していなかった低所得者の人たちが、投票所に足を運ぶようになったからだ。そして、その多くはサンダースの政策を支持した。人々は投票することで、市の政策が変わり、実際の暮らしが変わることを実感した。これが、サンダース流の民主主義のスタイルだった。

サンダースの大統領選への出馬によって、民主党の持つ票をサンダースが分断しているのではないかと懸念がされてきた。しかしサンダースの狙いは、この市長選のときと同様、少ないパイをどう奪い合うかという点にあるのではない。これまで投票しなかった人たちの関心をいかにして高め、パイ自体を大きくしようというものではないだろうか。

いずれにしても、人口4万人の小さな町に大きな変化を生み出したサンダースは、1990年には、さらに大きな挑戦を始めた。連邦下院議員の選挙に出馬したことだ。

第5章　声なき声を伝える連邦議員

バーリントンからワシントンへ

1989年に市長を退任したサンダースは、1990年にバーモント州の連邦下院議員選挙に出馬する。相手は共和党の現職、ピーター・スミスである。小さなバーリントン市では勝てても、人口56万人ほどのバーモント州で、無所属議員が勝利するのは容易ではない。

しかし当時バーモントの人々は、スミスの日和見的な政策をあまり評価していなかった。また共和党政権下で富裕層が優遇され、中間層が減っていたことで、二大政党への不信感が高まっていた。それが、当時から一貫して格差解消を訴え続けていたサンダースへの追い風となった。

事前の世論調査では現職のスミスがわずかにリードしていたが、サンダースに追い上げられる焦りから、大金で「サンダースは共産主義者」というネガティブなテレビ広告を製作し、連日放送した。バーモントの人々はネガティブな宣伝を好まなかったため、スミスはかえって支持率を落とした。なおアメリカの選挙では、ネガティブキャンペーンと呼ばれる、相手を誹謗中傷する攻撃的宣伝が行われるのが一般的だ。しかしサンダースは、その長い政治生活の中で一度も行ったことがない。

投票日には、バーモント州14郡のうち13郡をサンダースが制し、無所属で連邦議員に当選した。州規模の選挙では、初めて出馬した時に2％しか得票できなかったサンダースが、歴史を塗り替えた。

サンダースはその後もバーモント州の選挙で勝ち続け、２００６年まで連続で下院議員を、さらに２００７年からは上院議員を務めて現在に至っている。「そのつもりなら永遠に勝ち続けられる」とサンダースのバーモントでの人気の高さを表現したのは、前章で引用したジャーナリストのケリーである。もはやサンダースはバーモントの風景の一部のような存在である。

バーモント州は、もともとリベラルな州だったわけではない。かつては全米で最も共和党が強い保守的な州の一つと言われてきた。サンダースが獲得した下院議員の議席は、南北戦争以前から１００年にわたり共和党が勝ち続けていたものだ。さらに上院議員に至っては１５０年である。それが現在では、サンダースが70％の得票率で圧勝する州に変わった。

たった一人の無所属議員

ワシントンの連邦議会に赴いたサンダースは、上下両院を合わせてただ一人の無所属議員だった。二大政党に属さない政治家に何ができたのか。サンダースは、世間に思われているほど一匹狼ではない。立場の異なる様々な議員と協力して、数多くの法案を成立させてきた。

まず、無所属のまま民主党議員の会派に属することを望んだ。民主党のリベラルな議員は賛同したが、保守派は反対した。サンダースが、「民主党はアメリカの働く家族のために闘う気概を持っていない」と批判し続けてきたからだ。結局、会派の一員とはならないが、委員会の配属などについては民主党議員と同じ扱いとする妥協案に落ち着いた。下院議員435人の政党の内訳は、共和党、民主党、そしてサンダースだった。そこでサンダースは議会でもリベラルな議員たちに声をかけ、5人からなる進歩派議員連盟（Congressional Progressive Caucus）を結成した。政策は、まともな生活水準を得るために闘うあらゆるアメリカ人を代表することだ。サンダースは初代議長となった。２０２０年4月現在、メンバーは97人にまで増え、議会の中でも最も大きなグループのひとつとなっている。

サンダースが無所属でいる理由は、二大政党がこの国の働く人々の利益を代表していないと考えていたからだった。サンダースが、「党籍を持たないことはワシントンで役に立つことがある」と言うように、一方で妥協せず活動しつつ、他方で左右の連携をつくるために無所属議員の立場を活かした。１９９５年に共和党が下院の多数派になると、民主党が法案を成立させられなくなった。しかし、修正案なら提起できる。サンダースは、１９９５年以来、最も多くの修正案を可決させた議員となった。

湾岸戦争反対スピーチ

サンダースは１９９０年11月の選挙で当選し、91年1月に議員に就任した。その最初の仕事は、イラクに対する武力行使の容認決議に関する討論だった。というのは、イラクに対する戦争の準備が進められており、開戦の一歩手前だったからだ。

背景を説明しよう。90年8月にイラクがクウェートに侵攻して、湾岸危機が起こった。アメリカなどはイラクに撤退を求めた。そして同年11月に国連安保理で対イラク武力行使容認決議が成立した。内容は、翌年の1月15日までにイラクがクウェートから撤退しない場合、対イラクの武力行使を国際社会に認めることであった。

アメリカを中心とする有志連合と呼ばれた国々は、この決議に依拠してイラクとの戦争の準備を進めた。当時のブッシュ（父）大統領は、開戦前にアメリカ議会の同意を求めて決議案を提出した。内容はアメリカのイラク攻撃を容認するものであった。議会は武力行使を容認する決議を、撤退期限の前日となる1月14日に議会で票決にかけた。サンダースをはじめ183人の議員が戦争に反対したが、賛成多数で可決された。

これで大手を振ってブッシュ政権は戦争を開始できた。91年1月17日、アメリカなどのイラク空爆によって戦争が始まった。湾岸危機が湾岸戦争になった。

この日、空爆開始後にサンダースは下院議場で次のように演説した。

「議長、ほんの数カ月前に世界は、冷戦が終わったことを喜んだではありませんか。爆弾や戦車やミサイルに費やされてきた何千億ドルものお金を、人間の生命を破壊するためではなく、人間の生活を改善するために、やっと使えるようになったと喜んだではありませんか」

「遠からず、この議会は、爆弾のための資金をもっと要求されることになるでしょう。ところが、働く人々がまともな給料の仕事に就けるようにするための、この国の産業再建に利用できる資金は見当たらないでしょう。教育のための資金も、子供たちのための資金も見当たらないでしょう。ところが、子供たちの25％は貧困の中で生きているのです」

戦争開始前、世論は賛否が分かれていた。しかし戦争が始まると、議会やメディア、世論は、圧倒的に戦争を支持した。開戦前は、183人の議員が戦争反対の意思を示した。しかし開戦後に、米軍への支援と大統領のリーダーシップを称える決議案が採決されると、反対した議員はサンダースを含め6人のみだった。湾岸戦争のあと、サンダースはこう語っている。

「政府とメディアがペルシア湾岸の失敗作を騙し売りするのに大成功したことを考えれば、次の戦争が起こった時、彼らが違うふるまいをするとは期待できない。彼らはクウェートの『自由』を守るために世論の大きな支持を勝ち取れたのだから、同じ方法を使って、いかなる戦争への支持を創りあげることもできるのだ」

アメリカは、2001年にアフガニスタンで、2003年には再びイラクで、戦争を始めた。サンダースは、イラク戦争の際も下院で反対のスピーチを行った。イラク戦争は、現在はアメリカの中でも必要のなかった戦争とされているが、当時は強く反対する議員は少数派だった。

退役軍人を支援

サンダースが戦争に強く反対する理由は、相手国の膨大な市民を殺傷し苦しめるからだけではない。自国の兵士に甚大な影響を及ぼすからだ。アメリカが戦争を行う度に、中間層や貧困層の若者たちが、その代償を払わされている。

1991年の湾岸戦争では、7万人の米兵が湾岸戦争症候群と呼ばれるさまざまな体の不調を訴えて帰国した。アフガニスタンとイラクの戦争では、多数の死傷者が出たことに加え、毎年8000人規模で退役軍人が自殺している。サンダースは、戦争のコストは本当はとても高くつくのに、国防総省がこうした事実から目を背けていると主張する。そして「戦争に人を送るのであれば、少なくとも体や心に傷を負って帰ってきた人のケアをする仕組みを作るべきだ」と言う。

一般的なイメージと異なり、サンダースは退役軍人の権利を勝ち取るために、最も努力を重ねてきた議員のひとりだ。

たとえばオバマ政権期の2013年から2015年に、サンダースは退役軍人委員会の委員長を務めている。共和党は、日頃は退役軍人を持ち上げ感謝の言葉を述べるが、資金を出すことには反対してきた。そこでサンダースは、共和党のタカ派であるジョン・マケイン上院議員と協力して、退役軍人の医療制度の充実を求める法案を作成した。マケインは、2008年の大統領選でオバマと闘った候補者で、元戦争捕虜でもある。この法案により、退役軍人の健康のために新たに150億ドルの予算が大幅に増額された。

退役軍人のグループは極めて保守的で、たいてい共和党を支持している。しかしサンダースは、2014年8月にアメリカンリージョンという退役軍人の大きな組織から、愛国者賞を受賞した。退役軍人の声に耳を傾け、報われなかった人々への支援を続けてきたことが、その理由となった。

すべての人への医療保険

2007年には、サンダースは上院議員に当選する。下院議員は435名いて任期も2年と短いが、上院は定数が100名で任期は6年である。この当選により大きな役割を担うことになった。当時、大統領は共和党のブッシュ（息子）だったが、上下両院で民主党が多数派を占めていた。そのためサンダースは健康、保険、年金、教育、環境、退役軍人など、さまざまな委員会に入って法案を作成した。

中でも力を入れたのが、医療保険制度改革だ。アメリカは先進国で唯一、国民皆保険制度を持たない国である。サンダースによれば、いまのアメリカの医療制度は、保険会社に支配されている。保険会社から多額の献金を受け取ってきた共和党は、医療費に税金を注ぐことに反対し、すでにある制度でさえ予算を削ろうとしている。サンダースは、日本やカナダ、ヨーロッパなど多くの国で取り入れられている、単一基金による国民皆保険制度を取り入れることを主張してきた。

OECD諸国の中で、アメリカはGDPに対する医療、健康保険などに使用される金額が突出して高い。しかしその費用の大半は、医療現場を充実させるために使われているわけではない。保険会社や製薬会社の宣伝、事務、手続きを委託される企業など、実際は医療実務と関係のない企業に大金が流れている。現在は個々人が大金をかけて民間の保険に入っているものの、儲かるのは医療現場とは関係のない会社ばかりである。国民皆保険が実現すると、そのような実態のない多額のコストを減らすことができるため、多くの人の医療サービスの向上につながるとサンダースは言う。

またアメリカでは、製薬会社が自由に値段をつけられるので、薬の値段が異常に高い。それにより、本当に必要な人が薬を使うことができなくなっている。同じ薬でも、カナダやヨーロッパでは10分の1以下で買える薬もある。1999年に、サンダースは乳がんを治療中の労働者階級の女性たちをバスに乗せ、バーモント州から国境を越えてカナダのモントリオールを訪れた。バーモント州で高すぎて買えなかった乳がんの治療薬は、モントリオールでは10％の値段で購入できた。

それがきっかけとなって、多くの議員が有権者を連れてカナダに薬を買いに行くようになった。アメリカの薬の値段が高いと知られるようになったのは、この時からだ。

8時間35分の大演説

アメリカ経済は21世紀に入っても好調だったが、2007年にサブプライム・ローンの問題が深刻化する。そして2008年9月に、大手投資銀行のリーマン・ブラザーズが倒産。合わせて他の金融機関も、多額の不良債権を抱えることとなった。当時のブッシュ（息子）政権は、7000億ドルの公的資金で商業銀行を救済する「金融安定化法案」を通そうとする。「金融機関を救済しなければ大恐慌が来る」との声に、当時は大統領候補だったバラク・オバマを始め民主党の多くの議員が賛同、法案は10月に成立した。

しかし、サンダースは反対を貫いた。投機的な仕組みを作り、問題を引き起こしたのは金融機関である。何年にもわたる規制緩和により、金融機関や大富豪は多大な恩恵を得てきた。にもかかわらず、その失敗のツケを払うのが普通の働く人々の税金というのはおかしい、という論理だった。

続く2009年には、オバマが大統領に就任した。サンダースは、オバマとは人権意識や貧困問題などでは意見が合う部分も多かったが、経済政策については異なっていた。2010年の中間選挙では、オバマの政策に反対するティーパーティ運動が盛り上がり、下院は共和党が多数派となった。ブッシュ政権は、2000年に「ブッシュ減税」と呼ばれる大規模な富裕層減税を行っており、その法律は2010年末に期限切れを迎えるところだった。だが、オバマは共和党に妥協し、減税法の延長を決めた。

サンダースは徹底的に反対し、上院議場で熱く演説をおこなった。財政赤字を理由に低所得者への福祉は削られ続けているのに、なぜ一部の大富豪が優遇されなければならないかと説いた。これが著しく長かったことが、サンダースの名を全米で一躍有名にする。サンダースは実に、8時間35分にわたって演説を続けた。この行動は単なる採決の引き伸ばし戦術ではなく、その主張に人々の耳を傾けてもらうためだった。

演説は、メディアで大いに注目された。議会の中継をするテレビ局は、史上最高の視聴率をあげた。サンダースの演説中、あまりに注目が集まったため、慌てたオバマ大統領はビル・クリントン元大統領を呼び出し、この法案の必要性を語ってもらう記者会見を急遽設定した。しかし注目されたのは、クリントンではなくサンダースだった。

サンダースの長い演説は、その日のツイッターで世界で最もつぶやかれた出来事となった。ナショナル・パブリック・ラジオは「全世界が今日、バーニー・サンダースを見ていた」と報じた。

この演説に呼応するかのように、2011年9月にはウォール街占拠事件が起きる。若者を中心とした1000人ほどが、「私たちは99パーセントだ!」をスローガンに、ウォール街近くの公園に座り込み、一握りの人々に富を集中させるシステムへの抗議行動を実施した。1パーセントのお金持ちに対する大多数の庶民という主張が、「99パーセント」という言葉に込められていた。広がり続ける格差への怒りが高まり、二大政党政治への不信感が深まっていた。サンダースの支持を押し上げる底流が水量を増していた。

オバマケアはアメリカの医療を変えたか

サンダースは、反対ばかりしている議員ではない。オバマ政権で提出された医療費負担適正化法、いわゆるオバマケアは、国民皆保険の実現をめざすサンダースからすれば欠陥があったものの、政権や上院の法案支持者らと話し合いを続け、提案が一部法案に組み込まれたことで支持に回った。サンダースの提案とは、地域医療センターを拡充し、より多くの医師、歯科医、看護師ら医療提供者を採用するために、125億ドルを確保することだった。また、医療サービスが行き届かない地域での医師不足に対応するために予算をつけることだった。

アメリカでは民間の健康保険を購入するのが一般的だが、多くの人はその価格が高すぎて払えず、無保険のまま放置されてきた。また、高い保険料を支払う人たちも十分な医療サービスが必ずしも保証されているわけではない。アメリカで申請される自己破産の6割以上は、高額な医療費や保険料の支払いが原因である。そのうちほとんどは民間の保険に加入していた人である。またその人たちの多くは、中流階級であるとされている。保険に加入していたとしても、保障範囲が限られているためカバーされない病気も多く、重い病気になればすぐに貧困層に落ちてしまうリスクが付きまとう。

オバマケアが成立したのは、2010年3月である。そして、実際に法律が適用されたのは2014年になってからだ。オバマケアは、日本の国民健康保険のような「公的保険」ではない。民間の保険会社に価格が安く加入しやすい保険の提供を促し、国民にその加入を義務付けるものだ。

従来と何が変わったのか。これまでは、保険会社が加入者を選別できたが、できなくなった。また、保険が一定の保障範囲をカバーすることが求められるようになり、透明性も高まった。さらに保険料を払えない低所得者への補助の仕組みもできた。これにより、それまで無保険だった人も含めて、形式上は全国民が民間保険に加入できるようになった。

とはいえ、それで問題が解決したわけではまったくない。全国民に義務付けられたものの、オバマケアの適用の仕方は実際には州が決めている。特に共和党が支配的な州などでは、オバマケアへの強い反発がある。そのため州によっては、オバマケアの恩恵を受けられない人たちが大勢いる。さらに、加入の仕組みがあまりに複雑で、一般の人たちが加入しにくいといった課題もある。サンダースは、アメリカの医療保険制度を、誰もが参加できるシンプルな仕組みに作り直そうと提案している。

民主党大敗の原因

2014年、オバマ政権下で中間選挙が行われ、共和党が大勝した結果、上下両院で共和党が多数派となった。両院の委員会は共和党が主導権を握るようになり、サンダースも委員長職を譲らざるをえなくなった。

サンダースの分析では、これは「共和党が勝った」のではなく、信念を持った政治ができず、妥協に妥協を重ねた「民主党が負けた」選挙だった。利権を持たない普通の人々、低所得者などは、一般的に民主党を応援するとされる。多くの人が投票すれば民主党は有利になる。しかし２０１４年の選挙の投票率は37％で、低所得者と若者の投票率はさらに低かった。経済は悪くなかったが、この国の格差の広がりはおかしいと、多くの人が思っていた。それでも民主党は、その人たちが投票したいと思える受け皿にならなかった。だから敗北したという見立てである。

実際、投票率が49・４％に上がった２０１８年の中間選挙では、下院で民主党が逆転して多数派を取り戻したほか、州知事選でも多くの民主党員が当選した。サンダースは、民主党員が「選挙で勝つためには、保守的に、慎重に」と気にしすぎている姿勢を批判する。

民主社会主義者を自認するサンダースが勝ち続けることで、バーモント州は風変わりなリベラルな州だと考えられている。しかし、保守的だったバーモント州でサンダースが勝てたのは、主張のトーンを下げたり譲歩したりしたからではなく、人々にとって必要なことをよりはっきりと、大声で訴え続けたからだ。

そして大統領選へ

２０１５年5月、サンダースは大統領選への立候補を表明した。そしてそれまで無所属を貫いてきたサンダースが、初めて民主党の候補者指名を求める決断をした。無所属で闘うには、アメリカ全土はあまりに規模が大きすぎるからだ。民主党関係者はもちろん、ほとんどの主要な団体の支持は得られないことは明らかだった。

当時、大統領の最有力候補とされていたヒラリー・クリントンと比べると、全国的な知名度も、組織も、そして資金力もまったく無いに等しかった。さらに、これまでさんざん民主党を批判してきた高齢の無所属議員を、民主党が指名するだろうか。客観的に見て、ほとんど勝ち目のない闘いであることは、本人が一番よくわかっていた。

ではなぜ勝ち目のない闘いに、サンダースは出馬したのか。たしかに、政治家や著名人の支援は望めなかった。だが、サンダースが出会った名もなき庶民の多くは、熱烈に応援していた。その多くが、二大政党の体制からの変化を望んでいた。ヒラリー・クリントンでは、その人たちの願いは叶えられない。サンダースが出馬しない限り、庶民の生活にとって大切な問題である格差解消や医療保険についての話は、選挙戦で話題にすら出ない可能性もあった。支援した多くの人たちは、そこに光を当てて欲しいと望んだ。サンダースは、自分がやらなかったらその人たちの声を、誰が国政レベルに届けるのかと考えるようになったと言う。

それでも出馬を決めかねていたサンダースだったが、決め手は妻のジェーンとバーリントンのデニーズで朝食をとっていた時の出会いだった。サンダースの事務所を支えてきたジェーンはリアリストで、出馬に乗り気ではなかった。選挙戦が始まれば、生活は大幅に変わり、家族にとって大きなストレスとなる。万が一勝って大統領になったとしても、その後は想像を絶するような既成勢力からの攻撃を受けることになるだろう。

すると、退役軍人を名乗る男性がテーブルを訪れこう告げた。

「ありがとう。あなたがつくった支援法のおかげで、僕の人生は良い方向に変わりました。あなたのような人に、大統領になってほしい」

サンダースはこのとき、大統領選への出馬を決意したという。

サンダースがめざしたのは、大統領選の勝ち負けを超えた「政治革命」だった。政治革命とは何か。これまで政治に関わっていない多くの人々を巻き込み、大富豪の方ばかりを向いてきた政治の力学を変えることである。

最低賃金15ドル

大統領選で、サンダースはどのような公約を掲げたのか。特徴的な経済政策は、最低賃金の引き上げ、富裕層と大企業への課税強化、企業の大口政治献金の禁止、公立大学の学費無償化、国民皆保険を含む社会保障制度の拡充、ＴＰＰなど自由貿易協定への反対などである。

いずれも富裕層や経済界の一部からは、理想主義的で実現性が乏しいと激しく反発されている。しかし、むしろこうした政策を実現することは、経済界にもプラスになるとサンダースは主張する。最低賃金の引き上げを例に挙げて紹介する。

アメリカの最低賃金は、物価の高さに比べて極めて低い。物の値段が上がっているため、庶民の生活は年々苦しくなっている。２０２０年4月現在、政府が定めた最低賃金

（時給）は7・25ドルだ。共和党は、最低賃金の規制をなくそうとさえしている。しかしサンダースは、大企業にとってもそれは利益にならないと主張し、最低賃金を15ドルに引き上げようと提案している。

経済界からは、そんなに上げてしまえば企業経営が成り立たず、撤退や解雇が相次ぐため、結局は庶民のためにならない、と反発されている。サンダースは反論する。15ドルに上げることは、働く人たちの貧困を改善し、生活水準を上げるだけではない。消費行動が活性化することは重要である。アメリカのＧＤＰの70％は、国内の消費者の購買によるものだ。低賃金で働く何百万人もの所得が上がれば、消費に使えるお金に余裕ができる。企業の収益も上がり、雇用を増やせる、と彼は言う。

たとえばバーモント州は、２０１６年当時は全米で5番目に高い時給９・６ドルだったが、失業率は低かった。むしろ最低賃金のルールのない州の方が、失業率が高かった。また、カリフォルニア州サンノゼ市は、２０１３年に最低賃金を時給10ドルに引き上げた。するとファーストフード店などで、翌年に雇用が増えた。人々に余裕ができて、お客が増えたり、一人当たりの単価が増えたからだ。最低賃金を上げることの経済効果が認められたサンノゼ市では、その後も時給が上がり続けた。2020年4月現在、15・25ドルになっている。

ワシントン州シータック市では、2014年に全米で初めて最低賃金が時給15ドルに引き上げられた。最低賃金の上昇に反対していたホテルやレストランのオーナーは「事業ができなくなるので撤退する」と宣言していた。しかし結果的には仕事が増え、会社の収益が上がったため、雇用を増やした。

最低賃金を上げて経済効果を高める政策は、実は経済学者や労働問題の専門家の多くが賛同している。格差を縮めることは、多くの人がお金を消費する効果につながるというのだ。シータック市でも、現在の最低賃金は時給16・34ドルとさらに上がっている。

逆に低所得者が増えると、彼らを支えるためにさまざまな税金が使われる。たとえば、貧困世帯向けの医療保険や食料費補助対策などだ。そうした生活保護などには、毎年莫大な税金が使われている。労働者がまじめに働いても生活していける賃金が得られないために、企業の肩代わりを行政、すなわち国民がしなければならなくなる仕組みはゆがんでいる。企業に適切な賃金を支払わせることは、国や自治体の支出を減らすことにつながる、というのがサンダースの主張である。

このようにサンダースが繰り返し説いた効果もあり、ここ数年で各地で最低賃金が上がっている。そして2019年7月には、民主党が多数派を占める下院で最低賃金を時給15ドルに引き上げる法案が可決された。共和党が多数派の上院で否決されたものの、この問題は今後も争点となるだろう。

サンダースはまた、貧困層の増減と犯罪率との関係にも言及する。アメリカには、世界で最も多くの囚人がいる。しかし犯罪対策や刑務所の予算を増やしても、予防には効果がない。たとえば大学に行かない男性の賃金が10％上がると、犯罪率が10％から20％下がるという報告がある。

労働者が仕事に見合った適切な給与を得て、家族を十分に食べさせられる社会が実現すれば、犯罪は確実に減るのだ。そのような意味からも、賃金を上げる効果は大きい、というのがサンダースの主張である。

「勝ち目のない」南部も訪れる

組織力もなく、資金も圧倒的に不足しているサンダースは、どのような選挙キャンペーンを展開したのか。サンダース陣営がめざしたのは、単なる選挙キャンペーンではなく、新しい社会運動を起こすことだった。低所得者、高齢者、子供、病人、障害者、貧困層、若者といった人たちは、選挙の際に大口寄付はしない。こうした人々の意見をメディアが取り上げることは少なく、政府も無視しがちだ。サンダースは、こうした「小さな人々」の発する声なき声に耳を傾け、人々が直面する問題を全米に伝える役割を果たそうと考えた。

2年にもわたる大統領選の期間中、時流は次々と変わる。候補者は、状況に合わせて重点政策を変えていくことも求められる。しかしサンダースは、選挙の勝ち負けにかかわらず自らの信念を貫いた。自分に不利になるとわかっていても、既存の政治家が触れないような問題にもあえて言及した。

選挙でサンダースはどのような場所を訪れたのか。1章では、大統領選のカギを握るのが激戦州（スイングステート）であると伝えた。共和党の強い州は南部の多くの州である。民主党の強い州は、ニューヨークやカリフォルニアが代表的である。大統領選の勝敗は、その中間の激戦州をどちらが押さえるかで決まる。そのため両党は、力が拮抗した地域に全力を傾ける。両党ともに自党が勝てない州では、頑張っても無駄と考えられているので、力を入れることはない。本来の政治の役割を考えると、勝ち負けに関係なく、どの州の人の話も公平に聞くべきだが、現実はそうなっていない。

ところがサンダースは、その「無駄なこと」を始めた。サンダースは、変化を起こすためには誰かが行動を起こさなければならないと感じていたという。大統領選への出馬を検討し始めた2014年頃から、サンダースは共和党の地盤である南部を訪れている。政治に参加することをあきらめている人々の声を聞くためだ。

サンダースが好むのは、数十人や数百人レベルの「タウンミーティング」と呼ばれる集会である。直接に若者や貧困層、労働者に会って話を聞くことができるからだ。サンダースは他の民主党候補が絶対に行かないような地域も訪れ、各地で集会を開いた。

すると予想に反して、どの地域でも大勢の人が集まった。極度の貧困なのに、行政の複雑な手続きのため生活保護を受けることができない家庭がたくさんあった。地域に診療所がないため、病気になっても治療を受けられない人々もいた。極めて保守的とされている南部でも、多くの人が、金持ちだけが儲かる現在の政治や経済のシステムに嫌気がさしていたという。

人々が聞きたがっていたのは、従来とは異なる政治のビジョンであった。だから保守的な地域でも、「急進左派」と称されるサンダースに話を聞いてもらうため、あるいは話を聞くために人々が集まった。

サンダースが出会った労働者の多くは、それまで政治が自分たちの生活と関係があるとは思ってもいなかったと語った。それは、政治を支配している人たちにとって都合のいいことである。多くの人が低賃金で働かされ、保険もなく暮らしていることは、実際には政治と深く関わっている。サンダースは、自分のような政治家の役割は、人々に生活と政治とのつながりを認識させることだと感じた。そして、このような人たちが下から突き動かすことで変化を起こすべきだと考えた。

参加費25ドルの政治資金パーティ

民主党の主流派の政治家は、こうした少人数の集会に時間をかけることはない。その多くは大富豪と会って献金を受けたり、大企業の要望を聞くことで忙しい。現在の大統領選は、お金を集めた額が結果に反映されるため、合理的な考え方だろう。集めたお金でテレビなどの放送枠を買い、相手候補を徹底的に攻撃する広告を流すからだ。テレビの放送枠は高額なので、お金がなければ選挙を勝ち抜くのは難しい。

サンダースは大富豪や大企業に時間を割かなかったが、大統領選には資金が必要だ。ヒラリーの資金集めのパーティには、ひとり2700ドルが求められた。貧しい人には目もくれない値段設定だった。

そこでサンダースは、ひとり25ドルの寄付で集会を開き、貧困地域では無料でも開催した。参加しやすいよう敷居を下げて、バンドを呼んでハンバーガーやホットドッグを振る舞うなど、地域のお祭りのような雰囲気にして、家族で楽しんでもらうことをめざした。それとは別に大学生からの招待で、多くの大学でも集会を開いた。これらの集会

2016年、バーモント州の集会でバンドと「我が祖国」を歌うサンダース（写真：朝日新聞社）

は資金集めだけでなく、それ自体が多くの人に政治参加をもたらすプロセスとなった。

そんな中、いくつかの労働組合からは資金的なサポートを受けた。大きかったのは看護師の組合だ。看護師の多くは、いびつな医療制度のために救える命が救えない現状に危機感を抱いていた。そして、サンダースが以前から訴えている国民皆保険制度の実現を熱望していた。

よくサンダースの主張は急進的だと言われる。しかし、何百万人という人々の意見を聞けば、むしろ主流派だと彼は考えている。自分たちの周囲の世界にしか目を向けてこなかった民主党の主流派や、大企業、マスメディアには、声なき声が聞こえないのかもしれない。

サンダース旋風

サンダースの年齢は70代後半だが、若者に人気がある。大統領選の前から、他の議員に先立って若くセンスのあるスタッフを広報担当につけ、積極的にソーシャルメディアを活用してきた。大統領選挙戦初日にインターネットを通じてアピールを始めると、1日で10万人がサイトに登録をして、150万ドルを集めるという成功も収めている。

他の議員と異なっていたのは、大富豪から資金を得るつもりがないことだった。また、大企業が大口献金を投入する政治資金団体を利用するつもりもなかった。こうした団体は、スーパーPAC（政治行動委員会）と呼ばれる。富裕層は、PACを活用した資金投入によって、政治を動かしてきた。金持ちにはスーパーかもしれないが、民主主義の健全さから言えばスーパーな点など何もない制度である。

サンダースは、2016年の選挙で最終的に250万人から800万口の寄付を集めた。ほとんどは、インターネットで集めた低所得層や中間層の人々からの小額寄付だった。1人当たりの平均額はわずか27ドルであった。さらに2020年の予備選では、最少2・7ドルから献金できるようになった。わずか300円からの政治参加である。ヒラリー・クリントンが、2016年の選挙で資産家のジョージ・ソロス1人から600万ドル（約6・5億円）の献金を受けたのとは対照的である。

2016年の選挙で、サンダースは最終的には敗れたが、圧倒的に不利なスタートから、一時はヒラリー・クリントンを脅かす存在となった。民主党予備選では22州で勝利、1300万以上の票と代議員数の46％を獲得した。サンダースにとって特に嬉しかったのは、アメリカの未来でもある若者の票を多く取れたことだった。

2016年4月15日のワシントンポストでは、「この選挙戦で注目されることは、サンダースが予想より健闘したこと以上に、若者たちの政治への向き合い方が変わったことだ」と伝えられた。大富豪からの寄付に頼らなくても、草の根で十分闘えるという手応えも得た。

撤退を決めるにあたり、ヒラリー・クリントンと会談し、彼女の公約に医療保険システムの改革を入れるよう約束を取り付けた。ヒラリーが大統領になっていれば、より多くの人に医療が行き渡るはずだった。

しかし、結果はトランプの勝利で終わった。共和党主流派ではないトランプが共和党予備選で勝利し、本選でも既存政治家のヒラリーを破ったことは、二大政党政治への不信感が高まっていることを示していた。この大統領選を受けた2018年の中間選挙では、新たにリベラルな候補者が数多く誕生することになる。やはり既存政治家たちへの不信感を反映した結果だった。

第6章　サンダースの後継者たち

サンダース・チルドレン

2020年のアメリカで、三つの流れが混流して大きな水量を生みだしている。一つが人口動態で、白人のマイノリティー化が起こっている。もう一つが、格差の広がりに対する揺り戻しである。その波頭にサンダースが立っている。そして三つめが、新型コロナウイルスの感染の拡大である。ウイルスはアメリカ社会全体を襲い、貧困層やマイノリティに特に激しい衝撃を与えている。すべての国民の健康を守ることなしには、誰も安全で安心して暮らせないという現実を突きつけているといえる。大統領選からの離脱にもかかわらず、サンダースの運動の重要性は増しているのだ。

サンダースの選挙キャンペーンは、単なるキャンペーンではなく運動だと述べた。そしてサンダースには、すでに運動を引き継ぐ人々がいる。日本の政治で使われる言葉なら「サンダース・チルドレン」、つまりサンダースの子供たちとでも表現すべき人々である。サンダースの呼びかけを受けて、声を上げ始めた若者、貧困層、マイノリティの代表たちである。

最終章では、6名の「チルドレン」を紹介する。その人物像を濃淡をつけて描くことで、サンダースの後に続く世代の姿を浮かび上がらせられればと思う。変わるアメリカが生みだした、アメリカを変えていくであろう人々である。6人のうちの3人は、サンダースの大統領選をスタッフや顧問として支えた。残りの3人は、政治家としてサンダースの路線を踏襲しようとしている。また、6名の内の4名が女性である。

1人目は、2020年の大統領選挙キャンペーンを仕切っていた、選挙担当のファイズ・シャキルというパキスタン系のイスラム教徒である。1979年生まれで40歳代になったばかりである。イスラム教徒が、これほど重要な政治ポストを占めるのは初めてである。なおシャキルはハーバード大学卒業で、学生時代は野球選手でもあった。

2人目は、経済顧問を務めている女性、ステファニー・ケルトンである。1969年生まれのケルトンは、ニューヨーク州立大学ストーニーブルック校の経済学の教授で、現代貨幣論の論客として知られる。貧困層のための積極的な財政支出を主張する同教授は、2016年の選挙キャンペーン以来、サンダース候補に経済政策の面で助言してきた。

初のイスラム教徒の女性議員

２０１６年の民主党の大統領予備選でのサンダースの善戦を受けて、２年後の２０１８年11月の中間選挙では、新しい風が吹いた。まず、この選挙では民主党が下院を制した。そして、民主・共和両党とも、女性やマイノリティの候補者が数多く勝利を収めた。その結果、上下両院合わせて過去最多となる１２７名の女性が連邦議員となった。この新しい風景の中で、サンダース・チルドレンも姿を現した。

まずミシガン州第13区から選出された下院議員、ラシダ・タリーブである。１９７６年生まれの弁護士である。このミシガン州第13区は、自動車の町デトロイトの一部などを含み、人口の７割がアフリカ系、つまり黒人である。タリーブは、次に紹介するイルハン・オマルとともに、女性のイスラム教徒として初の連邦議員となった。これまで連邦下院議員には、男性のイスラム教徒が２人当選している。どちらもアフリカ系イスラム教徒の議員である。女性のイスラム教徒の議員では、タリーブとオマルの２人が初めてである。

タリーブには、もう一つの「初めて」が付く。それは初めてのパレスチナ系連邦議員である。タリーブの両親は、パレスチナのヨルダン川西岸地区からの移民だ。

このミシガン州は、伝統的にアラブ系の移民が多いことで知られている。ミシガン州とアラブ系移民の関係で大きな役割を果たしたのは、自動車産業である。20世紀の初めに自動車の大量生産を始めたフォード社が、当時としては破格の高給で自動車の組み立て労働者を雇った。日給が2ドル台の時代に、5ドルを支払った。その噂が中東に伝わり、多数の移民を引き寄せる。タリーブの当選を準備した人の流れだった。タリーブはイスラエルに批判的で、アメリカからのイスラエルへの援助の停止やボイコットを訴えている。

ソマリア難民から議員へ

2018年の中間選挙は、もう一人の女性のイスラム教徒の議員を生んだ。ミネソタ州から下院議員に当選した、イルハン・オマルである。オマルは、ソマリアの内戦を逃れてケニアで難民生活を送り、その後に両親と共にミネソタ州に移民した経歴を持っている。彼女がミネソタに到着したのは8歳の頃である。

筆者自身も、ケニアでソマリア難民と話した経験がある。ケニア自体が決して豊かな国ではなく、人々の賃金も高くはない。そこにソマリア難民が流入して、さらに安い賃金で働く。現地のケニア人は、厳しい視線でソマリア人を見つめている。そうした難民としての避難先のケニアから、ミネソタへの移民だった。

ミネソタはカナダ国境の州で、森と湖の北欧のような地形である。事実、ここには伝統的には北欧からの移民が多い。夏は涼しくて過ごしやすい。しかし冬は北極と直接つながっているかのように厳しい。にもかかわらず、なぜか冬の厳しいミネソタにはソマリアからの移民が多い。何かの偶然で、あるエスニックグループの何名かが最初にやってくると、その何名かを頼って次々と同じ出身地の人々が続き、共同体ができる例がアメリカではしばしば見られる。先に述べたラシダ・タリーブの地盤であるミシガン州も、同じ理由でアラブ人が多い。あるいはケンタッキー州にはクルド人が多い。

ミネソタは、伝統的にリベラルな州で知られる。ジミー・カーター大統領の副大統領だったウォルター・モンデールは、ミネソタ州選出である。1984年の大統領選挙の民主党候補となったが、共和党のロナルド・レーガンに歯が立たず敗退している。その後、クリントン大統領の時代に駐日大使などを務めた。

このリベラルなミネソタの政治風土が、ソマリア移民の受け入れの背景にあったのだろう。1990年代のソマリア内戦以降、多くのソマリア人がミネソタに流入するようになった。2010年代の半ば頃には、6万人近いソマリア人が、州都ミネアポリスを中心にミネソタ州で生活するようになった。この人たちの熱い支持を受けたイルハン・オマルが、イスラム教徒の女性として初の連邦下院議員となった。オマルは、歯に衣を着せないイスラエル批判で有名になった。支持者からは熱い声援を、敵意を抱く層からは厳しい反発を受けている。

なお、イルハン・オマルの選挙区とラシダ・タリーブの選挙区、そして後で触れるアレキサンドリア・オカシオ＝コルテスの選挙区には、共通していることがある。貧しい地域でマイノリティが多く住み、そして今回の新型コロナウイルスの感染被害が特に酷いことである。

「アウトサイダー」の外交顧問

5人目として、サンダースの外交顧問であるマット・ダスを紹介したい。その主張する外交政策が、サンダースの政策提案を規定したのみならず、今後のアメリカの外交に関する議論に、大きな影響を与えそうだからだ。

サンダースは、2016年の大統領選では、外交に関してはパレスチナ問題以外では比較的に寡黙だった。しかし2020年の大統領選では、外交に関して積極的に発言している。その違いには理由がある。4年前、サンダースは恐らく本気で勝てるとは思っていなかった。格差の問題を提起すれば良いという作戦であった。しかし2020年は、勝てると思い、勝ちにいった。大統領になるからには、外交問題全体を語る必要がある。そのために、2017年にサンダースが外交顧問として雇ったのが、マット・ダスである。

ダスはサンダースの格差の是正という議論と、国際情勢を結び付ける理論を提供した。格差は、権威主義的な政治制度を生みだす。ブラジルやロシアなどがその例である。したがって、格差の是正を求めて世界的な進歩主義勢力の団結が求められる。こうした論点を、サンダースが高らかに語り始めた。またすでに見たようにサンダースは、中東を中心とするアメリカの軍事介入に批判的である。さらに自由貿易に対しても、アメリカの産業の空洞化を引き起こすとして距離を置いている。

こうした外交政策を提唱する外交顧問ダスとは、どのような人物か。サンダースがワシントンの主流派でないように、ダスも「アウトサイダー」というラベルが似合う。ダスは1972年に、ニューヨークのマンハッタンから北に20キロほどのナイアックというハドソン川添いの小さな町で生まれている。

ダスの母親は看護師で、ペンシルバニア州出身である。母方の祖父はトラックの運転手で、ブルーカラー層の出自である。父親の一族のルーツは、ウクライナである。ソ連のスターリン支配下での弾圧や第二次世界大戦を経験した後、ドイツに逃れた。ダスの父親はドイツで生まれ、2歳の時にアメリカへと移住した。ダスの両親は、ナイアックでの福音派の集会で出会い結婚し、居を構えた。父親はジャーナリストとして働いたり、国際援助団体に勤めていた。

この熱心な福音派の両親の下で生まれ育ったダスは、父親の仕事の都合でフィリピンで過ごした経験もある。高校を卒業した後は、バンドで音楽を奏でていた。急がずに、人生を歩んできている。30歳代で大学を卒業し、その後の10年ほどはブロガーとして影響力を獲得している。つまり、ネットで自分の意見を広げてきた。国務省やシンクタンクなど、ワシントンで働く外交関係者の多くが、エリート大学を好成績で卒業しているのと比較すると異色である。両親の信仰していた福音派からは離れているが、キリスト教の博愛の精神は受け継いでいる。それが、貧しい層を代表しようというサンダースとの接点である。

経歴が異色なように、ワシントンの外交エリートたちのコンセンサスからは離れた意見を持っている。コンセンサスというのは、自由貿易をよしとし、レベルの差はあれ、アメリカの海外での軍事関与を肯定する視点である。実はこのコンセンサスに対する反乱が、2016年と2020年のサンダースの選挙キャンペーンであった。共和党側からも同じような蜂起があった。こちらは成功して、トランプ大統領を生んだ。

ワシントンのエリートたちのコンセンサスに対して、その政策の犠牲となる庶民は強い違和感を覚えている。格差が拡大し、国内のインフラは老朽化し、マイノリティが暮らす地域は放置されている。国民の多くは健康保険にも入れないのに、国は天文学的な軍事費をかけ、世界中に基地のネットワークをめぐらせ警察官を演じている。サンダースは大統領選から撤退したが、このゴツンとぶつかるような違和感が解消されない限り、ダスの視点はアメリカで影響力を及ぼし続けるだろう。

バーテンダーから史上最年少議員へ

サンダース周辺の人物の中で最も注目を集めているのは、議論の余地なくアレクサンドリア・オカシオ=コルテスだろう。名前が長いので、頭文字をとって「AOC」と呼ばれている。筆者もそれに倣おう。AOCが注目される理由はいくつもある。まずマイノリティのプエルトリコ系である。そして若い。連邦下院議員に当選した時は29歳で、史上最年少の議員となった。しかも、そのスピーチは、聞く者の心をわしづかみにするほど力強く熱い。

ＡＯＣは進歩的な政策を訴えて、リベラル派から喝采を受けている。その発言はスピーチでもツイッターでも、大手メディアに取り上げられ脚光を浴びる。逆に保守派からは激しい攻撃の対象とされる。保守系テレビ局であるＦＯＸニュースなどでは、たびたびＡＯＣが取り上げられる。そしてコメンテーターたちは、こっぴどく攻撃する。ＡＯＣのニュースは視聴率を取れるからだ。

あるとき、ＡＯＣを貶めようとして、大学生の時に踊っている映像が、動画投稿サイトＹｏｕＴｕｂｅにアップされた。しかし、その映像が拡散したことでかえって、人気が上がった。いずれにしても、１期生議員としては異常なほどに注目されている。

ＡＯＣとはどのような人物か。１９８９年10月に、ニューヨーク市ブロンクス区に生まれた。父はブロンクスの人で、母はプエルトリコ出身である。

ＡＯＣは、ボストン大学で経済学と国際関係学を学んだが、在学中に父親を亡くしたため、卒業後は母親を助けるためニューヨークに戻り、バーテンダーやウェイトレスとして働いた。そのような店の労働者は時給が極めて低く、チップで稼ぐしかないため、生活が非常に不安定だ。今回の新型コロナウイルスのような問題が起きると、たちまち生活していけなくなる。

ＡＯＣは、２０１６年の大統領選挙でサンダース陣営のボランティアをしていた。そして選挙後に、車でアメリカ各地をめぐる旅に出る。そこで、ミシガン州フリントの水道水汚染問題や、ノースダコタ州のダコタ・アクセス・パイプライン建設に反対する人々と対話を重ねた。

この旅での出会いが、政治家をめざすきっかけとなったという。それまで、選挙に立候補することは、富や権力、社会的影響力がなければできないと考えていた。しかし、すべてを投げうってコミュニティを守ろうとしている人々と出会ったことで、自ら政治に参加し、コミュニティの役に立ちたいという気持ちになったという。

アレクサンドリア・オカシオ＝コルテスがかつて働いていたニューヨークのバー（筆者撮影）

２０１８年にＡＯＣが出馬したニューヨーク州第14区の現職議員は、10期20年にわたり下院の議席を占めてきたジョー・クローリーだった。クローリーは、下院民主党議員総会議長を務めるなど、大物だった。また地域の民主党組織を束ねてきた人物だ。そのため、この地区では他の民主党候補が出馬せず、14年間にわたり予備選すら行われていなかった。そして本選挙では大差で共和党の候補者を破ってきた。

その勝てるはずのない選挙区で、AOCは候補者として名乗りを上げた。この選挙区は、ニューヨーク市の中でも比較的貧しい人々が住むブロンクス区とクイーンズ区からなっている。ヒスパニックなどのマイノリティの多い選挙区でもある。

多額の大口献金を受けるクローリーを相手に、資金面では大きなハンデがあった。彼女は「ビッグ・マネーをお金の力で破ることはできない。まったく別のやり方で勝つ」と宣言。サンダースと同様に、小口の個人献金を多数集めた。それでも集まった選挙資金は、クローリー陣営の18分の1に過ぎなかった。既存の大きな組織はたいていクローリー支持だったが、進歩派組織や市民組織などがAOC支持に回った。AOCは家々を一軒ずつ訪ね、「あなたたちのための闘い」であることを説いた。サンダースがバーリントン市長選で展開したときのような、草の根戦術だった。

現在のクイーンズやブロンクスには、プエルトリコをはじめとするヒスパニック系が多く住む。母親がプエルトリコ出身とはいえ、ＡＯＣ自身はアメリカ生まれで、母語は英語だ。英語ほど流暢ではないが、ヒスパニックが暮らす地域では、スペイン語で語りかけた。長年この地区の代表をしてきたクローリーは、スペイン語は一言も話さない。住んでいるのは自分の選挙区ではなく、富裕層の地域だ。言葉を理解して、貧困の現場を知り、同じ空気を吸う人物こそ、問題のありかがわかるのではないか。住民は、ＡＯＣの行動を通じてそんなことを感じたのではないだろうか。

そして迎えた２０１８年6月の民主党予備選で、ＡＯＣは57％以上の票を取ってクローリーを破った。この勝利はほとんどのメディアで驚きをもって伝えられた。イギリスの高級紙ガーディアンは、「最大の番狂わせのひとつ」と伝えた。もともとこの地区は、民主党が強い。民主党内の予備選で勝てば当選したのも同然だった。予想通りにＡＯＣは本選挙で共和党の候補に圧勝し、史上最年少の連邦下院議員になった。

グリーン・ニューディール

議員になってまもなく、ＡＯＣは画期的な政策を打ち出した。グリーン・ニューディールと呼ばれる環境・エネルギー政策である。グリーン・ニューディールについては、3章でサンダースの政策として触れたが、最初に提言したのはＡＯＣである。

サンダースやＡＯＣの掲げる格差の解消や医療保険制度、そして環境・エネルギー政策に対しては、常に「現実的ではない！」「予算はどうするのか？」との批判がつきまとう。しかしＡＯＣはこう反論する。ブッシュ（息子）大統領が根拠の怪しいイラク戦争を始めるとき、誰も予算をどうするのかとは言わなかった。なぜ確実に国民を救うことになる政策を実施するときだけ、予算を盾に批判するのかと。そして政府予算の無駄を削減し、富裕層への増税をすれば予算は十分に確保できると主張する。天文学的な利益を上げているアマゾン社やツイッター社が税金をきちんと払えば解決する問題ではないか、と反論する。

たとえば、所得税の累進課税を最大70％まで引き上げ、増収分をグリーン・ニューデ

グリーン・ニューディール政策について演説するアレクサンドリア・オカシオ＝コルテス（写真：朝日新聞社）

ィールの財源にあてるとしている。この税制案は、富裕層からは「狂っている」と批判されている。しかし、ノーベル経済学賞の受賞者であるポール・クルーグマンはＡＯＣの税制案を高く評価し、「狂気とはかけ離れたもの。真剣に経済を研究した結果だ」と述べている。

　ＡＯＣはまだ1期目だが、すでに議員としての評価も高い。公聴会で行う質問は鋭く説得力がある。２０１９年７月に、ＡＯＣは下院での公聴会でフェイスブックの創設者であるマーク・ザッカバーグに質問した。２０１６年のアメリカの大統領選に、ロシアがフェイスブックを使って影響を与えた件について問い詰めた。質疑の過程で、お金さえ払えば嘘の情報を流すことも可能で、それを防ぐためにフェイスブックが有効な方策を採っていない実状を赤裸々に抉り出した。ビジネス界では世界的な大成功を収めたザッカバーグだが、ＡＯＣから厳しい質問を次々と突き付けられ、母親に叱られる子供のようにたじたじであった。

ガザの「虐殺」

ＡＯＣの中東に関する言及が注目される。２０１８年の中間選挙の最中に、パレスチナ・ガザ地区のイスラエルとの境界で大きなデモがあった。人口２００万人ほどのガザ地区は、２００７年以降イスラエルとエジプトによって封鎖され、人と物の出入りが厳しく制限されている。人々は、十分な医薬品、電気やきれいな水が得られず「世界最大の監獄」と呼ばれて久しい。その封鎖の解除などを求めて、人々はイスラエルとの境界付近で非暴力の抗議行動を始めた。

それに対しイスラエル軍は、「テロ組織」とみなすハマスがデモを隠れ蓑にしてイスラエルへの侵入をはかっていると主張し、発砲を繰り返した。女性や子供も含め、死者は百人単位、負傷者は万単位に達していた。その中には子供や救護に駆け付けた医療関係者も含まれている。

AOCは、この攻撃を「虐殺」であるとして言及した。AOCの選挙区であるニューヨークは、ユダヤ人の英語の発音である「ジュー」をもじって、「ジューヨーク」と呼ばれるほどユダヤ系住民が多いとされてきた。そのニューヨークでの選挙に勝とうとする候補者が、イスラエルを批判するのは、政治家として自殺行為と思えた。にもかかわらずAOCは当選を果たした。

なぜだろうか。2つの要因が指摘できる。第一は選挙区のエスニック構成の変化である。クイーンズやブロンクスの住人の過半数は最近の移民であり、ユダヤ人の数は激減している。経済的に成功し豊かになったユダヤ人は、他の富裕層が住む地域に流出した。

第二に、ユダヤ人自身がイスラエルに批判的な目を向けるようになっている。この新しい展開に、AOCの主張は合致している。こうした変化については、すでに3章で解説した。AOCの当選は、その反映でもある。

スペイン語が必要になるアメリカ

かつて筆者がアメリカに留学していた際、ＡＯＣの選挙区であるクイーンズをよく訪れた。当時は台湾系やフィリピン系の人が多く住んでいた。しかし今は、そうした人々は別の地域に移っている。

２０１９年に久しぶりにクイーンズを訪れると、インド系やバングラデシュからの新しい移民の姿が目立った。バングラデシュ系の人々の集うレストランに入ると、なんとか英語が通じるくらいだった。これが新しいアメリカだと感じる。そしてその新しいアメリカを代表する政治家が出てきている。そうした認識が、南アジアの香辛料の香りと一緒に肌から染み込んでくる思いだった。

アメリカという社会は変わり続けている。ＡＯＣが議員になったのは、その象徴でもある。かつてオバマが大統領に選ばれたとき「黒人が大統領になってアメリカは変わるのか？」と聞かれた。その質問は間違っている。アメリカが変わったから、オバマのような人が大統領になったのである。アメリカはこれからもまだまだ変わる。

３章で紹介したように、人口統計では、アメリカで生まれる子供の過半数は非白人になっている。アメリカは、すでに白人が多数派という社会ではなくなりつつある。人種の集団としては今も白人が一番大きいかもしれないが、人種は多様化していて、マイノリティが過半数になりつつある。そういう状況に心理的に耐えられないと考える人の多くが、トランプを支持している。

人種的に多様化するアメリカで特に増えているのが、ヒスパニックの人口だ。新しく移住してきた人たちが大半だが、アメリカで生まれた人も含めると大変な存在感がある。３章で示したように、このままいくと２０６５年にはアメリカ人口の４分の１がヒスパニック系になると予測されている。ＡＯＣはルーツがヒスパニックで、スペイン語が話せる。注目と期待が集まる背景だ。

ＡＯＣのように、ヒスパニック系の人々を代表する政治家の登場が目立ち始めた。そうした新しい風景が、民主党の大統領候補を決める過程で見えた。それは、２０１９年９月の民主党候補者間の３回目の討論会だった。

この討論会には、バイデンやサンダースなど10人の候補者が招かれた。ヒスパニック系の多いテキサスのヒューストンが会場だったこともあり、質問者の一人は、スペイン語メディアの人物だった。候補者の方も、10人のうち3人がスペイン語を織り交ぜて議論した。

一人はヒスパニックのジュリアン・カストロである。キューバの指導者と同じ名前からしてヒスパニックなのが明白な人物だ。オバマ政権で閣僚を務めた人物である。もう一人はベート・オルーク元下院議員である。オルークはアイルランド系で、ヒスパニックではない。しかしテキサスを選挙区としていただけあって流暢なスペイン語を操る。スペイン語を使った三人目は、すでに紹介した語学の才能あふれるピート・ブティジェッジだった。

いずれの候補も民主党の指名を獲得できなかったが、新しい時代の到来を感じさせた場面だった。いかにしてヒスパニック系の人々の心をつかむのか、アメリカの政治家にとっては、ますます死活的な問題となって来た。

民主党のシンデレラ

ＡＯＣの話に戻ろう。アメリカの政治家は、たいていスピーチがうまい。特にオバマ前大統領はスピーチがうまかった。ライバルだったヒラリー・クリントンは、プロの指導者からレッスンを受けていたのだろうか、それなりに上手だが、それなりだった。何か感情がこもらない平板な印象を与えた。ＡＯＣはどうか。オバマが出てきたときのような印象的なスピーチをする。もちろん練習もしているだろうが、叩きつけるようなリズム感や、聴衆を熱狂させる語り口は持って生まれたものだろう。このスピーチの説得力も、その大きな魅力になっている。

ＡＯＣは、現在の中途半端な民主党のあり方に批判的だ。民主党はもっと原点に戻って、労働者のために行動を起こさなければならないと鼓舞する。たとえば、次のようなスピーチをしている。その一部を意訳してみた。

今の議会は共和党が優勢になっている。共和党は大富豪を優遇して、大金を動かし

ている。それにお金で対抗しようと民主党が試みても勝てない。民主党はどうやったら勝てるのか。必要なのは、自分たちの原点を再発見することだ。社会的な、経済的な、人種間の公正のために闘うことだ。大きな額のお金に、お金で対抗するのではなく、大きな組織で対抗しよう。草の根レベルの組織で対抗しよう。草の根の、地べたを這うような組織づくりだ。そこにこそ民主党の未来がある。歴史上、民主党の大統領は、月面に人を送り、公民権法を通し、国土の電化を行った。特に公的医療保険（メディケア）と社会保障制度を創設した功績は輝いている。アメリカの経済・社会的基盤を築いた党である。再び共感を得て、人々を動員することができたら、共和党を倒せないことはない。バーテンダーをやっていた自分のような人でも議員になれたのだから。

とても1期目の議員がするスケールの話ではない。すでに民主党を代表しているような語り口である。また情熱的なスピーチができるというだけでなく、状況によっては人々を包み込む、癒すような話し方ができるのも強みだ。オバマがそうであった。

地元住民と交流するアレクサンドリア・オカシオ=コルテス（写真：朝日新聞社）

アメリカでは大統領は、35歳以上という規定がある。そのため2020年4月現在で30歳のAOCは今回は立候補できない。だが、2024年の大統領選にギリギリで立候補する資格がある。2024年11月時点で35歳と1カ月になる。すでに、AOC待望論が聞こえる。

かつてバーテンダーとして、チップ収入で生計を立てていた女性がホワイトハウスに住むようになるというのは、このシンデレラ・ストーリーのラストにふさわしい。AOCのような人々が、アメリカの政治を変えようとしている。AOC、アレキサンドリア・オカシオ＝コルテス、この名前を覚えておいて欲しい。

サンダースの後継者たちを通じて、アメリカ社会の変化を伝えてきた。２０１６年と２０２０年の大統領選挙でサンダースは敗れ去ったのではない。新しいアメリカを創り出す基礎を築いたのだ。

おわりに

2月中旬から新型コロナウイルスの感染の広がりがアメリカの政治風景を一変させた。6月までに、感染者数は170万人を、そして死者は10万人を超えた。

感染の広がりに雇用の崩壊が続いた。5月までに約3000万人が失業した。率にすると15%に近い。感染し失業した人々には、人口比に不釣り合いなほど黒人やヒスパニック系の貧困層が多い。郵便配達人、スーパーの店員、建設現場の作業員、トラックの運転手など現場で働き社会の基盤を支えている人々である。給与が比較的に低く、しかもリモート・ワークなどができない労働者たちである。

新型コロナウイルスは、こうしたアメリカ社会の亀裂をまぶしすぎるほど明るく照らし出した。サンダースが是正を求めて闘い続けてきた格差である。そして5月の末に中西部のミネソタ州のミネアポリス市で黒人が白人の警官に殺害されるという事件があった。これに反発して各地で抗議運動が燃え上がった。格差の隙間に沈潜し押し込められていたエネルギーが爆発した観がある。

パンデミック、失業の増大、暴動などの一連の流れが、11月3日の大統領選挙に、どのような影響を与えるだろうか。失業率が低く株価は高いという経済状況を訴えて選挙を闘うというトランプの戦略は、もはや通用しない。

そこで、トランプは新たな戦略を開始した。それは新型コロナウイルスの被害を中国のせいだとする中国叩きである。そして中国に支配されて対応を誤ったとしてのWHO（世界保健機関）からの離脱も表明した。

さらに、これまで通りのリベラル寄りであるとのメディア叩きも行っている。対象にはSNSも含まれている。5月末、大統領のツイートにツイッター社が、暴力を賛美する内容であるとの警告を表示した。するとトランプはツイッターを規制すると激しく反論した。

そして中国に甘い政策をとってきたとして前任者のオバマ大統領を攻撃し、その副大統領であったバイデン候補を貶めるという作戦である。バイデンの反撃も、感染の拡大までは中国のコロナ対策を称賛してきたとしてトランプの対応遅れと無策に向けられている。

世論調査ではバイデンが優位に立っている。だが、投票日の11月3日は、まだ4カ月も先である。

※本書執筆にあたり、以下の書籍を特に参考にさせていただいた。

『バーニー・サンダース自伝』
（著：バーニー・サンダース／監訳：萩原伸次郎／大月書店）

『Our Revolution: A Future to Believe in』
（著：バーニー・サンダース／Thomas Dunne Books）

2020年アメリカ大統領選関連年表

1972年11月	バイデンが連邦上院議員に初当選
1981年3月	サンダースがバーリントン市の市長に初当選
1987年6月	バイデンが大統領選挙に初めて出馬表明
1990年8月	イラクのクウェート侵攻／湾岸危機の始まり
1990年11月	サンダースが連邦下院議員に初当選。国連安保理で対イラク武力行使容認決議の成立
1991年1月	サンダースが下院議員に就任。アメリカなどのイラク攻撃の開始（湾岸戦争）
2003年3月	イラク戦争開戦
2006年11月	サンダースが、連邦上院議員に初当選
2008年4月	Jストリート設立
2009年1月	オバマ政権発足。バイデンが副大統領に就任
2010年3月	オバマケアの法案成立
2010年12月	サンダースが上院議場で「ブッシュ減税法（通称）」の延長に反対する8時間半の演説
2011年9月	ウォール街占拠事件
2014年7月	イスラエルがガザ地区を攻撃
2015年3月	サウジアラビアがイエメン内戦に介入
2015年5月	サンダースが大統領選への出馬を公表
2015年7月	イラン核合意の成立
2016年11月	アメリカ大統領選挙でトランプが当選
2017年5月	トランプがサウジアラビアを訪問
2017年12月	トランプ政権が在イスラエル大使館のエルサレムへの移転を発表
2018年5月	トランプ政権がイラン核合意から一方的に離脱
2018年10月	トルコのサウジアラビア総領事館でカショギ殺害事件が発生
2018年11月	中間選挙で民主党が下院の多数派に。オカシオ＝コルテスらサンダースチルドレンが当選
2019年3月	トランプ政権がゴラン高原へのイスラエルの主権を承認
2019年11月	トランプ政権がヨルダン川西岸のユダヤ人入植地を合法と認識
2019年11月	トランプ政権がパリ協定からの離脱手続きを開始（正式離脱は2020年11月を予定）
2020年3月3日	民主党予備選スーパーチューズデーでバイデンが圧勝
2020年3月13日	アメリカで新型コロナウイルスの感染拡大。国家非常事態宣言が発令
2020年4月8日	サンダースが民主党の予備選から撤退。バイデンの指名が確実に
2020年4月13日	サンダースがバイデン支持を表明
2020年4月14日	トランプ大統領が新型コロナウイルスへの対応をめぐりWHOへの拠出金停止を発表
2020年5月25日	ミネソタ州の黒人男性ジョージ・フロイド氏が、白人警察官の暴行により死亡。全米で抗議行動が発生。
2020年5月29日	トランプ大統領が新型コロナウイルスへの対応をめぐりWHOとの関係を打ち切ると表明。

最終決戦　トランプvs民主党

アメリカ大統領選撤退後も鍵を握るサンダース

著者　高橋和夫

2020年7月25日　初版発行

高橋和夫（たかはし　かずお）
国際政治学者。福岡県北九州市生まれ。大阪外国語大学ペルシア語科卒業。コロンビア大学国際関係論修士。クウェート大学客員研究員等を経て、現在、放送大学名誉教授。『中東から世界が崩れる』（NHK出版新書）。『イラン vs トランプ』（小社刊）ほか著書多数。

発行者　横内正昭
編集人　内田克弥
発行所　株式会社ワニブックス
〒150-8482
東京都渋谷区恵比寿4-4-9えびす大黒ビル
電話　03-5449-2711（代表）
　　　03-5449-2734（編集部）

装丁　橘田浩志（アティック）／森田直＋積田野麦（フロッグキングスタジオ）
編集協力　高橋真樹／岩崎由美子
校正　東京出版サービスセンター
編集　大井隆義（ワニブックス）

印刷所　凸版印刷株式会社
DTP　株式会社 三協美術
製本所　ナショナル製本

定価はカバーに表示してあります。

ISBN 978-4-8470-6642-9
ワニブックス HP　http://www.wani.co.jp/
WANI BOOKS NewsCrunch　https://wanibooks-newscrunch.com/